とりはずして使える

MAP

付録 街歩き地図

知床・阿寒
釧路湿原

JN026844

切り取り線

TAC出版
TAC PUBLISHING Group

MAP

付録 街歩き地図

知床・阿寒
釧路湿原

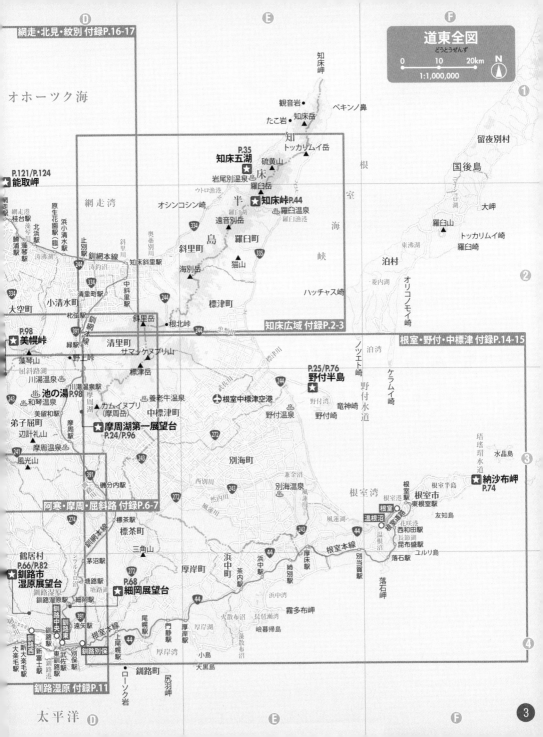

オホーツク海

知床岬

観音岩
ペキンノ鼻
たこ岩 知床岳

留夜別村

国後島

知
トッカリムイ岳

根

P.35
知床五湖

硫黄山

岩尾別温泉
羅臼岳

床

大岬

羅臼山

P.121/P.124
能取岬

網走湾

オシンコシン崎

ウトロ漁港

知床峠P.44
羅臼温泉
羅臼漁港

半

室

トッカリムイ崎
羅臼崎

網走港
桂台駅
北浜駅
鯉浦駅
藻琴駅

浜小清水駅
原生花園駅(臨)
北浜駅

止別駅
釧網本線
知床斜里駅

遠音別岳

島

東沸湖

泊村

オリコノモイ崎

海

峠

菱内湖

ケラムイ崎

334

原生花園湖
濤沸湖

244

中斜里駅

斜里町

海別岳

羅臼町

猫山

ハッチャス崎

334

小清水町

大空町

清里町駅

枇杷瀬駅

釧網本線

斜里岳

根北峠

忠類川

334

244

標津町

標津川

ノツエト崎

泊湾

知床広域 付録P.2-3

根室・野付・中標津 付録P.14-15

P.98
美幌峠

緑駅

清里町

野上峠

サマッケヌプリ山

標津岳

244

釧路川

武佐川

野付半島

P.25/P.76

野付湾

野付水道

藻琴山

屈斜路湖

川湯温泉

川湯温泉駅

池の湯 P.98
和琴温泉

美留和駅

カムイヌプリ
(摩周岳)

養老牛温泉

中標津町

根室中標津空港

野付温泉

竜神崎

野付崎

琴湖

摩周湖

摩周駅

弟子屈町

辺計礼山

241

摩周温泉

風光山

391

磯分内駅

摩周湖第一展望台
P.24/P.96

243

西別川

別海町

別海温泉

別海町

蒼金沼

珸瑤瑁水道

水晶島

243

根室半島

納沙布岬
P.74

阿寒・摩周・屈斜路 付録P.6-7

374

標茶駅

標茶町

三角山

277

風蓮川

然別川

風蓮湖

根室湾

根室港

花咲港

根室市

根室駅
東根室駅

温根沼

西和田駅

根室本線

友知島

長節湖
昆布盛駅

ユルリ島

鶴居村
P.66/P.82

釧路市
湿原展望台

釧路湿原

釧路湿原駅

茅沼駅

P.68
細岡展望台

243

塘路駅

細岡駅

浜中町

浜中駅

茶内駅

姉別駅

厚床駅

温根沼

落石駅

別当賀駅

44

落石岬

391

釧網本線

遠矢駅

根室本線

釧路町

釧路中央駅

釧路駅
釧路東駅

別保駅

釧路川

尾幌駅

上尾幌駅

門静駅

厚岸駅

厚岸町

厚岸湖

浜中湾

琵琶瀬川

霧多布岬

嶮暮帰島

44

新富士駅
釧路湿原駅

大楽毛駅

新大楽毛駅

武佐駅
東釧路駅

釧路保駅

44

小島

花咲岬

釧路町

尻羽岬

ローソク岩

大黒島

釧路湿原 付録P.11

太平洋

D

E

F

3

あなただけの
プレミアムな
おとな旅へ！
ようこそ！

SIGHTSEEING

広大な
湿原を走る観
光列車の旅も
楽しい

くしろ湿原ノロッコ号　➡P.71

SHIRETOKO AKAN KUSHIROSHITUGEN

知床・阿寒・釧路湿原への旅

激しい太古の息吹のなか
優しい命の胎動を聴く旅

断崖絶壁の絶景や
野生動物との遭遇が楽しい
知床半島クルーズ出発

日本も最北まで来ると、これほど
荒々しい自然があったのかと呆
然としつつ、思わず涙が込み上
げるほどの感動に見舞われる。
冬には流氷が来る。それが去る
と花々が咲く。動物が生き返る。
紛れもなく正しい自然の営みが
展開する。圧倒的に生身の、あ
るがままの命が眼前にある。
クルーズ船でオホーツクや根室
海峡に出るのも、知床五湖周辺
をトレッキングするのもいい。
ときには人の日常の猥雑卑小に
気づくのも旅というものだろう。

野生の大地に分け入り
地上の神秘と遭遇

SIGHTSEEING

マリモが
成育する神秘
の湖をクルーズ
で満喫

阿寒観光汽船 ➡ P.94

SIGHTSEEING

クルーズで
シャチやイルカ、
クジラなどと
遭遇

アニマルウォッチング
クルーズ ➡ P.38

地平線を追いかけて
はるか最北の地を巡る

絵本のような田園風景が
広がるメルヘンの丘

GOURMET

羅臼で
獲れた魚介を
豪快な寿司で
堪能

《海鮮料理番屋》 ➡ P.58

GOURMET

釧路の
名物、炉端焼き
は、風格漂う老
舗の味を

一面が真っ赤に染まる
秋の能取湖サンゴ草群落

《炉ばた》 ➡ P.86

HOTELS

英国のマナー
ハウスのスタイル
で過ごすのも
楽しい

ヘイゼルグラウスマナー
→P.142

HOTELS

湖畔に
たたずむ非日
常の空間に
滞在

チミケップホテル →P.141

どこまでも続くかの
ような一天に続く道は
近年話題の絶景

おとな旅プレミアム
PREMIUM
知床・阿寒
釧路湿原

CONTENTS

特集

知床

釧路・釧路湿原

阿寒・摩周・屈斜路

網走・北見・紋別

エリアと観光のポイント
知床・阿寒 釧路湿原は こんなところです

ダイナミックな流氷や断崖絶壁、
幻想的な湖沼などさまざまな表情を見せる大自然。
絶品の海鮮からアイヌ文化まで、
ここにしかない楽しみの宝庫だ。

国内最後の秘境と呼ばれる神秘の半島

知床 ➡P.27
しれとこ

険しい山岳の原生林に覆われた知床半島には多様な野生生物が暮らす。トレッキングやクルーズなどで、この大自然が楽しめる。オホーツク海で育った新鮮魚介が堪能できるのも魅力。

⬆雄大な景色を見下ろすようにそびえる羅臼岳

観光のポイント	知床五湖、フレペの滝、知床峠

⬆知床五湖周辺は自然の宝庫

道東最大の都市と太古の自然が隣り合う

釧路・釧路湿原 ➡P.63
くしろ・くしろしつげん

道東一の人口を誇る漁港の街・釧路市の北側に広がるのは、日本最大の湿原地帯・釧路湿原。貴重な植物や動物の姿を見ることができる。名物の炉端焼きなどのグルメも楽しみたい。

⬆湿原の中を悠々と走るくしろ湿原ノロッコ号

⬆釧路市湿原展望台

観光のポイント	釧路市湿原展望台 くしろ湿原ノロッコ号

湖の幻想的な景観とアイヌの歴史にふれる

阿寒・摩周・屈斜路 ➡P.91
あかん・ましゅう・くっしゃろ

阿寒湖、摩周湖、屈斜路湖の道東を代表する3湖と、周辺に点在する温泉地が人気のエリア。道内最大のアイヌコタンでは、アイヌ民族の伝統文化を体験することができる。

⬆青く澄んだ屈斜路湖にオオハクチョウが飛来する

⬆阿寒湖近くのアイヌコタン

観光のポイント	阿寒湖、摩周湖、屈斜路湖 阿寒湖アイヌコタン

北国の印象的な風景が広がるエリア

網走・北見・紋別 ➡P.117
あばしり・きたみ・もんべつ

シベリア大陸からの流氷が見られる厳寒の地。流氷関連の施設のほか、網走の博物館 網走監獄、紋別のサロマ湖、北見の北の大地の水族館など人気の観光スポットも多いエリア。

⬆能取岬(P.124)付近の牧場で放牧が行われている

⬆流氷観光船で氷の海を走る

観光のポイント	流氷観光砕氷船 おーろら 博物館 網走監獄

留夜別村

泊村

国後島

泊湾

琵琶瀬水道
サンコタン岬

水晶島

根室駅

根室半島

納沙布岬

根室湾

温根沼

太平洋

時期や場所によってイベントや旬の味覚もさまざま

知床・阿寒 釧路湿原トラベルカレンダー

遅い春に一斉に咲く花々、目に眩しい夏の緑、紅葉に色づく山々、
雪や流氷で覆われた白銀世界。四季折々の表情を、五感で感じる旅へ。

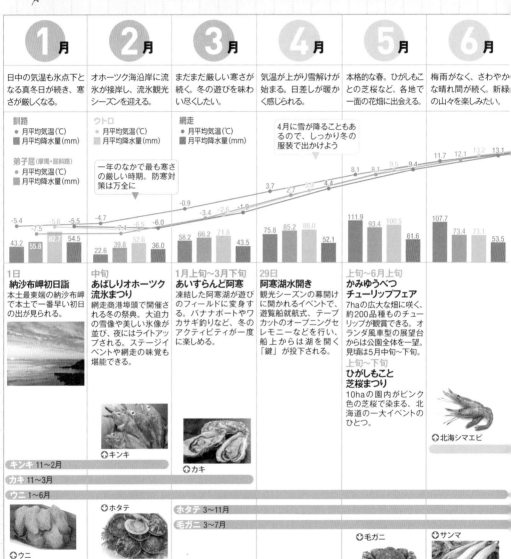

1月	**2**月	**3**月	**4**月	**5**月	**6**月
日中の気温も氷点下となる真冬日が続き、寒さが厳しくなる。	オホーツク海沿岸に流氷が接岸し、流氷観光シーズンを迎える。	まだまだ厳しい寒さが続く。冬の遊びを味わい尽くしたい。	気温が上がり雪解けが始まる。日差しが暖かく感じられる。	本格的な春。ひがしもことの芝桜など、各地で一面の花畑に出会える。	梅雨がなく、さわやかな晴れ間が続く。新緑の山々を楽しみたい。

釧路
- 月平均気温(℃)
- 月平均降水量(mm)

ウトロ
- 月平均気温(℃)
- 月平均降水量(mm)

網走
- 月平均気温(℃)
- 月平均降水量(mm)

弟子屈(摩周・屈斜路)
- 月平均気温(℃)
- 月平均降水量(mm)

> 一年のなかで最も寒さの厳しい時期。防寒対策は万全に

> 4月に雪が降ることもあるので、しっかり冬の服装で出かけよう

気温(℃): -5.4 -7.5 -5.6 -5.5 / -4.7 -7.4 -6.5 -6.0 / -0.9 -3.4 -2.6 -1.9 / 3.7 2.7 2.9 4.4 / 8.1 8.1 9.5 9.4 / 11.7 12.1 13.2 13.1

降水量(mm): 43.2 55.8 82.7 54.5 / 22.6 39.8 52.6 36.0 / 58.2 66.2 71.8 43.5 / 75.8 85.2 88.0 52.1 / 111.9 93.4 100.5 61.6 / 107.7 73.4 73.1 53.5

1日
納沙布岬初日詣
本土最東端の納沙布岬で本土で一番早い初日の出が見られる。

中旬
あばしりオホーツク流氷まつり
網走商港埠頭で開催される冬の祭典。大迫力の雪像や美しい氷像が並び、夜にはライトアップされる。ステージイベントや網走の味覚も堪能できる。

↑キンキ

1月上旬～3月下旬
あいすらんど阿寒
凍結した阿寒湖が遊びのフィールドに大変身。バナナボートやワカサギ釣りなど、冬のアクティビティが一度に楽しめる。

↑カキ

29日
阿寒湖水開き
観光シーズンの幕開けに開かれるイベントで、遊覧船就航式、テープカットのオープニングセレモニーなどを行い、船上からは湖を開く「鍵」が投下される。

上旬～6月上旬
かみゆうべつ チューリップフェア
7haの広大な畑に咲く、約200品種ものチューリップが観賞できる。オランダ風車型の展望台からは公園全体を一望。見頃は5月中旬～下旬。

上旬～下旬
ひがしもこと 芝桜まつり
10haの園内がピンク色の芝桜で染まる、北海道の一大イベントのひとつ。

↑北海シマエビ

キンキ 11～2月
カキ 11～3月
ウニ 1～6月

↑ウニ
↑ホタテ

ホタテ 3～11月
毛ガニ 3～7月

↑毛ガニ
↑サンマ

※開催日程は変動することがありますので、事前にHPなどでご確認ください。

↑かみゆうべつチューリップ公園

↑阿寒湖

↑能取湖

↑納沙布岬

7月
観光のベストシーズンに突入する。大自然を満喫したい。

8月
30℃以上を記録する日もあるが、湿度は低く過ごしやすい。

9月
グルメイベントが各地で開催され、食欲の秋がやってくる。

10月
紅葉の見頃が最盛期に。絶景と温泉を合わせて楽しむ贅沢も。

11月
季節は秋から冬へ。寒さがいちだんと増し、雪の日も多くなってくる。

12月
根雪になり、釧路湿原周辺の給餌場にはタンチョウが飛来する。

スタッドレスタイヤが必須。運転は慎重に。冬季は通行止めになる道路もあるので、最新の道路情報を確認しておこう ▽

夏はオホーツク海側が暑く、太平洋側は冷涼になる

気温（折れ線グラフ）: 15.3 15.8 17.0 17.1 18.0 17.9 19.0 19.6 16.0 14.5 16.3 10.6 8.6 10.0 10.6 4.3 -1.8 0.9 3.7 -1.9 -4.3 -0.3 -2.4

降水量（棒グラフ）: 127.7 109.9 100.6 87.4 130.8 146.6 119.3 101.0 155.6 155.4 128.8 108.2 94.6 105.3 113.2 70.3 64.0 76.0 108.7 60.0 50.8 61.5 91.1 59.4

中旬
しれとこ斜里ねぷた
友好都市・青森県弘前市との交流から始まった知床最大級のお祭り。大小15基余りの扇ねぷたが約2.5kmを練り歩く。

上旬
なかしべつ夏祭り
日本最大級、約6000個もの提灯が、夜空に幻想的に浮かび上がる姿は必見。
16日
釧新花火大会
約8000発の花火が舞い上がる道東屈指の規模を誇る花火大会。ナイヤガラや音楽花火など、芸術性の高さが好評だ。

上旬
能取湖さんご草祭り
能取湖畔に広がるサンゴ草の絶景を見ながら、歌や踊りなどの催しを楽しめるお祭り。

上旬
あっけし牡蠣まつり
厚岸名産のカキを堪能できるイベント。会場の出店で販売される新鮮な魚介を、貸し出している焼き台（有料）で楽しめる。
8〜10日
まりも祭り
マリモの保護を目的に始まったお祭り。アイヌ伝統儀式のほか、タイマツ行進やアイヌ民族舞踊の競演なども見どころ。

12月上旬〜3月上旬
おんねゆ温泉郷 雪物語
1万2000個のイルミネーションに彩られた三角形のオブジェが点灯する。雪花火は1月30日以降の2週連続土曜日に開催される。

北海シマエビ 6〜8月

↩カボチャ

↩サケ

↩サケ

北海シマエビ 10〜11月

キンキ 11〜2月
カキ 11〜3月

サケ 9〜11月

花咲ガニ 8〜10月
サンマ 7月下旬〜11月
カボチャ 8〜10月

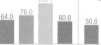

↑花咲ガニ

プレミアム滞在モデルプラン
知床・阿寒 釧路湿原
おとなの2泊3日

世界自然遺産の知床、日本最大の湿原がある釧路、美しい湖水をたたえる阿寒・摩周・屈斜路。あるがままの自然が見せる、壮大なスケールの多彩な景色を求めて、道東を巡る。

↑知床半島の全景。知床の名前の由来は、アイヌ語の「シリエトク」で、地山の先、あるいは地山の突き出たところを意味している

日本最後の秘境・知床を遊び尽くす

世界自然遺産を、海から山から縦横無尽に満喫する1泊2日。

1日目

9:00	ウトロ温泉 バスターミナル

約30分
国道334号・道道93号経由で約14km

9:30	知床五湖

約30分
道道93号・国道334号経由で約14km

14:00	知床観光船 おーろら

約10分
約0.7km

17:30	ウトロ温泉 バスターミナル

プランニングのアドバイス

春夏の知床の移動はレンタカーがおすすめ。知床五湖は高架木道と地上遊歩道とで所要時間が変わる。羅臼では野外の露天風呂巡りに足をのばしてみるのもいい(P.55)。冬季は各施設の開館時間の変更や、休館していることもあるので、よく確認をしてプランニングする必要がある。知床エリアの起点となる斜里周辺には、北のアルプ美術館(P.57)や知床博物館(P.56)などがあり、知床の文化や歴史にふれることができる。

原始の森 を、野生の息づかいを感じながら歩く

知床五湖 →P.35
しれとこごこ

五湖周辺をぐるりとまわる地上遊歩道は約3km。運が良ければ野生動物に出会えることも。ガイドツアーを活用したい。

断崖絶壁・幾本もの滝を 海 から眺める

知床観光船
おーろら →P.33
しれとこかんこうせん おーろら

陸路では近づけない、知床半島の突端、知床岬までのクルージングに参加。流氷や荒波に削られた断崖絶壁、滝など、雄大な景色を船から満喫できる。

野生動物が見られることも

ドライブとクルーズで知床半島を巡る

雄大な自然を眺めながら知床を横断し、クルーズで野生動物と遭遇。

知床半島の 絶景を大横断 する爽快ドライブ

9:00 ウトロ温泉
バスターミナル

約5分
熊の湯から知床ネイ
チャークルーズの発券所
まで約4km

13:00 知床ネイチャー
クルーズ

約3分
徒歩

16:00 阿寒バス
羅臼営業所

プランニングのアドバイス

オホーツク海に面したウトロ、根室海峡に面した羅臼、それぞれの豊かな海で獲れた鮮度抜群の海鮮料理を味わいたい。

↑ 海鮮料理番屋の豪快な海鮮丼(P.58)を満喫

知床横断道路 ➡P.44
しれとこおうだんどうろ

ウトロと羅臼を結ぶ約24kmの国道。知床の絶景を堪能しながら移動できる。

熊の湯 ➡P.45
くまのゆ

羅臼市街の手前にある、乳白色の温泉が湧く露天風呂。山あいの秘湯でひと休み。

ダイナミックな
マッコウクジラの
ダイブシーン!

海峡が育む 野生動物 の宝庫をクルージング

知床ネイチャークルーズ ➡P.38
しれとこネイチャークルーズ

世界遺産の海に生息する多種多様な野生動物をクルーズ船から見学しよう。

3日目
釧路プラン

| 9:00 | 釧路駅 |

約40分
国道240号経由で約19km

| 9:40 | 釧路市 丹頂鶴自然公園 |

約15分
道道666号・53号経由で
釧路市湿原展望台まで約
14km

| 10:30 | 釧路市湿原展望台 |

約40分
細岡展望台から国道391
号経由で約25km

| 15:00 | 釧路川周辺 |

約10分
徒歩

| 17:00 | 釧路駅 |

プランニングのアドバイス

釧路湿原が観光のメインとなる。移動はレンタカーがおすすめだが、車なしでまわる場合は、くしろ湿原ノロッコ号(P.71)に乗って車窓からの眺めを楽しむことができる。当日でも乗車できるが、夏季は特に混雑するため事前予約が望ましい。湿原内を流れる釧路川でのカヌー体験は、時間に余裕があればぜひ参加してみたい。リピーターなら釧路湿原美術館(P.69)や釧路市立博物館(P.80/P.82)でゆったり時間を過ごしたり、建築家・毛綱毅曠の作品(P.82)を巡るのもいい。

↑くしろ湿原ノロッコ号

炉端焼き(P.86)、海鮮(P.88)、釧路ラーメン(P.81)など食の充実度は釧路随一。飲食店は幣舞橋近くの中心地に集中しており、お店選びに困ることはない。道東の食材を生かしたフレンチやイタリアンに舌鼓を打つのもおすすめだ(P.84)。

水の大地と霧の街・釧路を堪能

湿原のスケールを体感できる、道東随一の港町へ。

湿原の神・美しい タンチョウ を訪ねる

釧路市丹頂鶴自然公園 ➡P.73
くしろしたんちょうづるしぜんこうえん

常時10数羽のタンチョウを見ることができる。4月下旬～7月上旬には、愛らしいヒナの姿を見られることも。

↑蛇行する釧路川が、湿原内を穏やかに流れる

日本最大の 湿原 で緑の地平線を望む

釧路市湿原展望台 ➡P.66
くしろししつげんてんぼうだい

湿原を一望できる展望室だけでなく、約2.5kmの木道の散策にも1時間はみておきたい。

細岡展望台 ➡P.68
ほそおかてんぼうだい

東側の高台にある、湿原随一の眺めを誇る展望台。近くの細岡ビジターズラウンジで休憩を。

街の中心部、 釧路川 のほとりを歩く

釧路フィッシャーマンズワーフM00 ➡P.83/P.90
くしろフィッシャーマンズワーフムー

釧路川のたもとに建つ複合施設。おみやげの購入に最適。

幣舞橋 ➡P.22/P.80
ぬさまいばし

釧路のシンボルでもある定番スポット。世界三大夕日にも数えられる。日没時刻をチェックして訪れたい。

3日目
道東三湖プラン

8:50	阿寒湖バスセンター

約10分
徒歩

| 9:00 | 阿寒湖 |

約1時間
阿寒湖アイヌコタンから摩周湖第一展望台まで国道241号経由で約50km

| 14:30 | 摩周湖 |

約45分
摩周湖第三展望台から道道52号・国道243号経由で約42km

| 16:00 | 屈斜路湖 |

約45分
道道52号・国道243号経由で約42km

| 18:00 | 川湯温泉街 |

プランニングのアドバイス

絶景を楽しむビューポイントが複数ある阿寒・摩周・屈斜路エリアはレンタカーを利用したい。湖は時期、天候や時間帯によって異なる表情を楽しめる。美幌峠で日没を待つと、絶景の夕日を観賞できる。阿寒湖温泉や川湯温泉で癒やしの時間を過ごすのもおすすめ。

↑美幌峠の美しい夕焼け

道の駅やレストハウスが点在しているので昼食や休憩時に利用したい。駅舎や古民家を改装した洋食店(P.110)、カフェ(P.112)や地産地消にこだわる郷土食(P.114)など、オンリーワンのレストラン・カフェも。

↑ café NOBLE(P.111)の摩周ポークのスパゲティ

道東三湖が放つ輝きに魅了される

悠然とたたずむ湖と、その風土に根付く文化と出会う。

阿寒湖 で自然の神秘とアイヌ文化を知る

阿寒観光汽船 ➡P.94
あかんかんこうきせん

観光船に乗って阿寒湖へ出航する。遊覧船一周コースは約1時間25分。マリモ展示観察センターにも立ち寄る。

↑観光遊覧船から雄阿寒岳や雌阿寒岳の迫力を望む

阿寒湖アイヌコタン ➡P.102
あかんこアイヌコタン

アイヌの文化が凝縮されたスポットへ向かう。阿寒湖アイヌシアターイコロ(P.103)に寄り、約30分の古式舞踊を見学する。

青く輝く 摩周湖 を高台から堪能する

摩周湖第一展望台 ➡P.96
ましゅうこだいいちてんぼうだい

レストハウスを併設する展望台。摩周湖を一望する人気スポット。

摩周湖第三展望台 ➡P.97
ましゅうこだいさんてんぼうだい

観光バスが入らないため、穏やかな湖面を静かに観賞できる。

屈斜路湖 を望む道内屈指の絶景スポット

美幌峠 ➡P.98
びほろとうげ

摩周岳や斜里岳まで一望できる。隣接する道の駅にも立ち寄りたい。

19

短い夏を彩るカラフルな庭

鮮やかに大地を染める花々

カラフルに大地を染める花畑に、まぶしい青空。
道東に壮大なスケールで描かれる美景と出会う。

色彩の絶景 ❶

丘陵を覆う圧巻のピンク
道内屈指の芝桜の名所

ひがしもこと 芝桜公園
ひがしもことしばざくらこうえん

大空 **MAP** 付録P.7 D-1

5月上旬〜下旬に10haの丘一面がピンク色に染まる。祭り期間中の週末は、各種イベントを開催している。（要確認）

☎0152-66-3111（東藻琴芝桜公園管理公社）　所大空町東藻琴末広393
開休料見学自由、5月3日〜5月下旬の祭り期間中は8:00〜17:00、入場料600円　交女満別空港から車で40分　Pあり

大空町の ヒマワリ畑

おおぞらちょうのヒマワリばたけ

大空 **MAP** 付録 P.17 D-4

ヒマワリの黄色い絨毯
360度の絶景パノラマ

7月下旬～10月上旬にかけて一面のヒマワリが楽しめる。女満別空港近くのヒマワリ畑では、飛び立つ飛行機が見えることも。朝日ヶ丘公園などでも咲き誇るヒマワリが見られる。

☎0152-74-2111（大空町産業課）
所大空町女満別中央254
開休料見学自由 交女満別空港から徒歩20分 Pあり

鮮やかに大地を染める花々

かみゆうべつ チューリップ公園

かみゆうべつチューリップこうえん

湧別 **MAP** 付録 P.16 B-2

約200品種の多種多彩なチューリップが7haの大地に咲く。5月中旬～下旬が見頃。オランダの民族衣装を着て記念撮影もでき、掘り取り販売も行う。

☎01586-8-7356（湧別町観光協会）
所湧別町上湧別屯田市街地318 開休料
見学自由、5月1日～6月上旬のフェア期間中は8:00～18:00、入場料600円 交JR網走駅から車で1時間30分 Pあり

オホーツクの春を告げる
色とりどりのチューリップ

小清水原生花園

こしみずげんせいかえん

小清水 **MAP** 付録 P.17 E-3

約8kmの細長い砂丘に約200種類の花々が生息している。エゾスカシユリ、クロユリ、ハマナスなどが咲く6月中旬～7月下旬が最も美しい。

☎0152-63-4187（小清水原生花園インフォメーションセンターHana）所小清水町浜小清水 開休料見学自由交JR網走駅から車で20分 Pあり

天然の花畑
ありのままの姿で咲く

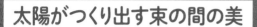

太陽がつくり出す束の間の美

刻々と彩りを変える光の魔法

春夏秋冬で大きく移り変わる道東の自然と、刻一刻と違う表情を見せる太陽が織りなすドラマティックな一瞬の風景を求めて。

特集●色彩の絶景

赤く色づく釧路港に美しい橋が浮かぶ

幣舞橋 → P.80
ぬさまいばし

釧路 MAP 付録P.13 F-4

「世界三大夕日」として愛される夕日。春と秋の夕景が最も美しいとされ、四季の像のシルエットが印象的だ。

湖面とサンゴ草の赤が太陽を浴びて輝く

鶴沼原生花園
つるぬまげんせいかえん

湧別 MAP 付録P.16 B-2

サロマ湖西岸にある吊り橋付近で、空と湖面が朝日に染まる幻想的な朝。サンゴ草の群生地は9月中旬から10月中旬まで赤く色づき、見頃を迎える。

☎01586-8-7611(湧別町観光協会)
所湧別町東 休料見学自由 交JR網走駅から車で1時間30分 Pあり

津別峠展望施設
つべつとうげてんぼうしせつ

津別 MAP 付録P.6 C-3

6月から秋にかけて、屈斜路雲海を望むビューポイント。朝日の描くグラデーションの美しさから目が離せない。ガイドツアーも催行されている。 ➡P.98

屈斜路湖を覆う雲海を朝日が鮮やかに染める

夕陽台 ➡P.53
ゆうひだい

ウトロ MAP 付録P.4 C-3

知床八景のひとつ。海面に朱色の筋をつくる春から秋、流氷の白を金色に染める冬、それぞれに美しい。

知床の大自然を高台から一望する

刻々と彩りを変える光の魔法

大地を雪が覆う極寒の地へ

白銀に包まれる神秘の冬

極寒の気候と、特色ある地形がつくる白銀世界。そして、道東ならではの野生動物たちとの邂逅。唯一無二の絶景に巡りあう旅へ。

色彩の絶景 ③

雪裡川の霧から
タンチョウの姿が浮かぶ

特集●色彩の絶景

音羽橋
おとわばし

釧路湿原北部 **MAP** 付録P.11 E-2

冬でも凍らない雪裡川は厳寒期のタンチョウのねぐらとなっており、そこに架かる音羽橋は絶好の撮影スポットでもある。

所鶴居村下雪裡　開休料見学自由
交JR釧路駅から車で45分　Pあり

摩周湖第一展望台
ましゅうこだいいちてんぼうだい　➡P.96

摩周 **MAP** 付録P.7 E-3

1月下旬から2月中旬にかけての結氷途中の摩周湖は、湖面が凍り、サファイアブルーの神秘的な美しさを見せる。

摩周ブルーから
サファイアブルーへ

流氷観光砕氷船 おーろら P.120

りゅうひょうかんこうさいひょうせん おーろら

網走 **MAP** 付録 P.18 B-3

オホーツク海を周遊するク
ルーズ船に乗って、流氷を
楽しむ。オオワシなどの動物
たちと出会えることも。

真っ白な流氷原を
船上から堪能する

屈斜路湖のほとりで
オオハクチョウに遭遇

砂湯 P.98

すなゆ

屈斜路 **MAP** 付録 P.9 F-2

屈斜路湖の砂湯には、冬になると約
300羽のオオハクチョウが飛来。温泉
に浸かる姿を間近で観察できる。

白銀に包まれる神秘の冬

白銀の大地に
氷の地平線が現れる

野付半島 P.76

のつけはんとう

別海 **MAP** 付録 P.15 D-1

日本最大の砂嘴として知
られる野付半島。その内
海が凍り、その上に積雪
することで、一面真っ白
の平原に変わる。凍った
海の上でエゾシカの姿を
目にすることも。

ニュース＆トピックス

知床ならではの豊かな自然に囲まれたコンセプチュアルなホテルが
オープン。旅する前に押さえておきたい、最新の情報をお届け！

スケートボードやバスケットボールが楽しめる森のアソビバ

日帰り入浴もできるサウナ。水着着用で貸切も可能（要予約）

知床の日常を体験できる
新しいスタイルのホテル が誕生！

2023年2月オープン

道東を代表する建築家・丹羽豊文氏が"すごす"をテーマに建築。知床の自然をダイレクトに感じられるサウナや、北の大地の恵みをいただける食事処、ヨガインストラクターによるヨガレッスン（要予約）も楽しめる。

HOTEL BOTH
ホテル ボース

斜里 **MAP** 付録P.2 B-4

☎0152-26-7800 ㊤斜里町以久科北106-4 ㊅JR知床斜里駅から車で5分 ㋬21台 ㏌16:00
out 10:00 ㊟16室（全室禁煙）
㋹男女混合ドミトリータイプ
（鍵付き/デスク付き）
素泊まり4500円〜

斜里町の自然に囲まれたホテル。喧騒を離れ静かにくつろげる

一棟貸し別荘には薪ストーブが。自身で薪をくべる特別な体験を

知床ごはん tomoni
しれとこごはん トモニ

知床の山々を望みながら、道産食材を中心とした和洋さまざまな食事が楽しめる。パフェやスイーツもオススメ。

☎0152-23-6100 ㊚朝食6:00〜8:00（完全予約制）定食11:00〜20:00（19:30LO）㊡月曜

鮭といくらのご飯定食など、豊富な定食メニューが揃う

北海道や阿寒湖にまつわる書籍やボードゲームを配したライブラリラウンジ

客室は木のぬくもりに包まれるナチュラルな空間

阿寒湖のほとりにできた
コミュニティホテル へ！

2023年6月オープン

約30名まで利用できる一棟貸しコミュニティホテルは家族、友人、企業の研修などさまざまなシーンに対応。自然に囲まれた空間で自由な過ごし方ができるのが魅力。

阿寒terrace
あかんテラス

阿寒 **MAP** 付録P.8 C-4

☎0154-67-4000 ㊤釧路市阿寒町阿寒湖温泉2-2-37 ㊅たんちょう釧路空港から車で1時間 ㋬7台
㏌15:00（チェックインは阿寒の森 鶴雅リゾート 花ゆう香にて） out 10:00 ㊟15室（全室禁煙）
㋹1棟1泊8万8000円〜

阿寒湖温泉の源泉を愉しめる浴室でゆっくり疲れを癒やせる

OTONATABI

Shiretoko

知床

❖

オホーツク海に突き出た
全長約70kmの世界遺産・知床半島。
半島の中央から知床岬にかけて
人の立ち入りが厳しく制限され、
ヒグマをはじめとした
希少な野生動植物たちの
支配する世界が広がる。

手つかずの
自然に包まれた
動植物の聖域

エリアと観光のポイント
世界遺産知床はこんなところです

火山活動や流氷によって形成された壮大な自然景観と、多様な生態系がいちばんの見どころ。トレッキング、クルーズ、アクティビティなど、さまざまな楽しみ方ができる。

厳しい自然環境に守られ育まれた
世界に誇る知床の絶景と生態系

　半島の中央を標高1660mの羅臼岳を主峰とする知床連山が貫く。険しい地形と独特の自然環境が育んだ多様な生態系と美しい景観は、2005年に世界自然遺産に登録。ウトロと羅臼を結ぶ絶景の知床横断道路、クジラやシャチなどの海洋生物、冬に押し寄せる流氷など、どれも知床のスケールを存分に体感できる。

知床

斜里岳を望む知床観光の玄関
斜里
しゃり　　　　　　　　　　　　➡ P.56

知床半島への玄関口として古くから開けた街。ホテルや旅館も多く、美術館・博物館のほか、知床の雄大さを実感できる景色も見どころ。

観光のポイント 天に続く道 P.56　北のアルプ美術館 P.57

見どころが多い知床観光の中心地
ウトロ
➡ P.52

知床半島の西側、断崖絶壁の続く海岸線やそこに流れ落ちる滝などを海から眺めるクルーズや、知床五湖のトレッキングなどが楽しめる。

観光のポイント 知床半島クルーズ P.30　知床五湖 P.35

クジラなどの海洋生物に会える
羅臼
らうす　　　　　　　　　　　　➡ P.54

半島の東側、根室海峡に面した漁業とホエールウォッチングの街。海の向こうに国後島を望み、素朴な温泉や新鮮な海の幸が楽しめる。

観光のポイント アニマルウォッチングクルーズ P.38　熊の湯 P.45

オホーツク海

紋別
網走
国後島
知床半島
下図
屈斜路湖
摩周湖
根室
阿寒湖
釧路湿原
釧路

オホーツク海

知床岬 ★

ポロモイ岳

知床岳 ▲
知床沼

知
床
半
島

♨ 相泊温泉
♨ セセキ温泉

カムイワッカ湯の滝 ★

トッカリムイ岳 ▲

ルシャ山 ▲

知床五湖 ★

知円別岳 ▲

プユニ岬 ★

知床横断道路
334
羅臼岳 ▲

夕陽台 ★
334
ウトロ
★ 知床峠
オシンコシンの滝 ★
知西別岳 ▲
♨ 熊の湯
羅臼湖
羅臼
32km

37km
遠音別岳 ▲

斜里町

羅臼町

根室海峡

猫山 ▲
335

★ 羅臼町郷土資料館

丸山 ▲
335

薫別岳 ▲
標津町

交通 information

知床の移動手段

まずはエリア玄関口のJR知床斜里駅に向かい、隣接する斜里バスターミナルからウトロ、知床五湖、羅臼へ。羅臼へは釧路駅からも直通のバスが出ている。ウトロと知床五湖や羅臼を結ぶバスは夏季のみの運行。ほかにもバスの運行本数は時期により異なるので、事前に時刻表を確認して出かけたい。また冬季はウトロ～羅臼間の道路が閉鎖されるため、車で移動するには、一度斜里町を経由しなければならない。

周辺エリアとのアクセス

鉄道・バス

釧路駅	摩周駅	網走駅
JR釧網本線で2時間20分	JR釧網本線で1時間20分	JR釧網本線で45分

知床斜里駅
斜里バスで50分
ウトロ温泉

阿寒バスで3時間35分	斜里バスなどで50分 ※冬季運休	斜里バスで25分 ※冬季運休
羅臼営業所		知床五湖

車

釧路	摩周	網走
国道391号経由132km	国道391号、道道1115号経由61km	国道244号経由41km

斜里
国道334号経由37km
ウトロ

国道272・335号経由158km	国道334号経由32km ※夏季のみ	国道334号、道道93号経由14km ※夏季のみ
羅臼		知床五湖

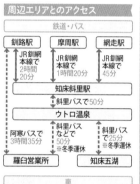

問い合わせ先

観光案内
知床斜里町観光協会　☎0152-22-2125
知床羅臼町観光協会　☎0153-87-3360
知床羅臼町観光案内所　☎0153-87-3330
知床五湖フィールドハウス
　　　　　　　　　　☎0152-24-3323

交通
JR北海道電話案内センター
　　　　　　　　　　☎011-222-7111
斜里バス　　　　　　☎0152-23-0766
阿寒バス　　　　　　☎0154-37-2221

世界遺産 知床はこんなところです

ACTIVITY
遊ぶ

ウトロから、断崖絶壁を望む最果ての岬を目指す

雄大な海原を進む

知床半島クルーズ

知床半島の大自然を余すところなく楽しめるクルージング体験。
陸路では足を踏み入れることのできない岬の果てへ向かう途中、
断崖絶壁を流れ落ちる迫力満点の滝や、希少な動物たちの姿が見られる。

自然が生み出した迫力の造形と 野生動物の姿に目を奪われる

　ウトロ港を起点に3つのコースをゆく知床クルージング。特別保護地区のため、陸路では立ち入ることのできない半島の突端に、海側から大接近できる豪快なツアーだ。海からしか見ることのできない断崖絶壁や、そこを流れる勇壮な滝、波の浸食が生み出した奇岩の造形は、見る者を圧倒する。ヒグマやオジロワシなど野生動物に出会えるのも楽しみだ。

知床●遊ぶ

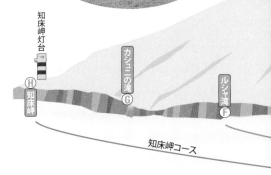

陸路では見られない
絶景と出会う!!

所要 ◆ 約2〜4時間

知床岳

観光船で半島を航海

穏やかな天候のウトロ港側はクルージングに最適。
目的に合わせて大型船か小型クルーザーを選んで
雄大な自然の景観を楽しみたい。

知床岬灯台

カシュニの滝 G

ルシャ湾 F

H

知床岬

知床岬コース

知床 ● 遊ぶ

A プユニ岬
プユニみさき

海に面した絶景スポット

知床八景のひとつ。岬の
展望スポットからは三角岩
などが眺められ、夕日の
名所としても知られる。

B フレペの滝 ➡ P.41
フレペのたき

細くしなやかな流れ

岩の割れ目から幾筋もの
地下水が流れ落ちる滝。
涙のように流れることから
「乙女の涙」ともいう。

C 湯の華の滝
ゆのはなのたき

色彩の美しさが際立つ滝

岩肌の苔の緑と湯の花のよう
に白く輝く流れが美しい滝。静
かな流れから「男の涙」の異名
もある。

D カムイワッカの滝
カムイワッカのたき

豪快かつ美しい流れの滝

硫黄山から湧き出る温泉水が流
れる滝。硫黄を含んでいるため、
滝の真下の海水は黄色に変色し
ているのがわかる。観光船から
は、滝の上流にある知床大橋ま
でを見渡せる。

F ルシャ湾
ルシャわん

ヒグマの観察スポット

ヒグマの出没頻度が高い絶
好の観察スポット。小型ク
ルーザーならヒグマが現れる
と船を停止してくれる。

E 知床連山
しれとこれんざん

海から稜線を眺める

知床半島の中央を背
骨のように貫く標高
1500m級の山々。そ
の美しい稜線を海か
ら眺める。9月中旬か
ら紅葉し、10月には
積雪、翌年7月頃まで
雪が見られることも。

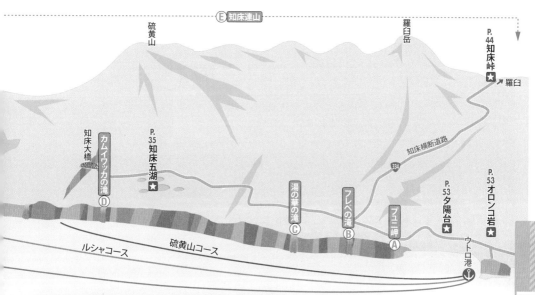

E 知床連山

硫黄山

羅臼岳

P.44 知床峠 ★ → 羅臼

知床横断道路

334

知床大橋
カムイワッカの滝 D

P.35 知床五湖 ★

湯の華の滝 C

フレペの滝 B

プニ岬 A

P.53 夕陽台 ★

P.53 オロンコ岩 ★

ウトロ港 ⚓

ルシャコース

硫黄山コース

G カシュニの滝
カシュニのたき

豪快な滝を間近で

断崖の巨大な穴の上から落差30mを流れる、知床クルーズ屈指の豪快な滝。小型クルーザーなら近くまで寄ってくれる。

H 知床岬
しれとこみさき

手つかずの姿に魅了される

特別保護地区でもある知床半島最先端の岬。30mの海岸段丘の向こうに国後島が霞む。

ツアー参加の Q&A

Q どんなコースがある?

A 動物観察や自然をじっくり満喫できる「知床岬コース」は最も人気が高い。「ルシャコース」は小型クルーザーのみの運航で、動物観察に最適。時間のない人には、短時間の「硫黄山コース」がおすすめ。夏季は席が取りにくいので、早めの予約を。海洋状況により欠航することもあるので当日に再確認しよう。

Q 船の種類は?

A 大型船と、小型クルーザーがある。広いデッキでゆったり楽しめるのは大型船、小回りが利き、岸近くまで行ける小型クルーザーは動物の遭遇率が高くなる。

Q 服装・持ち物は?

A 夏でも海上は冷えることがあるので長袖の上着を用意したい。ヒグマや鳥などを観察する双眼鏡、また酔い止めがあると安心。

知床半島クルーズの主な催行会社

ゴジラ岩観光
ゴジラいわかんこう

ウトロ MAP 付録P.4 B-3

小型クルーザーで岸沿いを走るため、ヒグマ遭遇率は5年平均で約87％。

☎0152-24-3060 ㊟斜里町ウトロ東51 ㊟4月下旬～10月下旬 ㊟荒天時 ㊟知床岬コース9000円、ルシャコース6000円、硫黄山コース4000円 ㊟ウトロ温泉バスターミナルから徒歩5分 ㊟あり

知床観光船 おーろら
しれとこかんこうせん おーろら

ウトロ MAP 付録P.4 B-3

400人乗りの大型船でゆっくりと景色を満喫。新造した小型船おーろら3は迫力満点!

☎0152-24-2146 ㊟斜里町ウトロ東107 ㊟4月28日～10月25日 ㊟荒天時 ㊟知床岬航路7800円、カムイワッカの滝航路3500円、ルシャ湾航路5000円(変更の場合あり) ㊟ウトロ温泉バスターミナルから徒歩10分 ㊟あり

33

四湖 ➡ P.36
よんこ

原生林に囲まれた
神秘の湖。水鳥観
察の人気スポットと
して知られる。

神秘の湖周辺を散策

原始の息吹を聞く

知床五湖トレッキング

知床八景のひとつに数えられ、
原生林が生い茂る岩尾別台地の森に点在する5つの湖。
知床連山かそびえ貴重な動植物や鳥類が生息する、
知床で最も訪れる人の多い景勝地だ。

三湖 ➡ P.36
さんこ

羅臼岳を背景に透
き通った湖水と、湖
周囲に長い散策路
が整備されている。

二湖 ➡ P.36
にこ

五湖のなかで最大
にして最も眺めの
良い湖。知床連山
の山容も見どころ。

オホーツク海

知床五湖

しれとこごこ

ウトロ **MAP** 付録P.4 C-1

貴重な動植物の姿も見られる

湖とつながる川はなく、地下から湧き出る澄んだ湖水をたたえる五湖。五湖全周（約3km）と、一湖と二湖のみ（約1.6km）のコースがある地上遊歩道と、一湖までヒグマに遭遇する心配なく行ける高架木道があり、雄大な自然を満喫できる。

☎0152-24-3323（知床五湖フィールドハウス）
所斜里町岩尾別 時8:00～18:30（日没時間により変動）休11月上旬～4月中旬料高架木道は無料。地上遊歩道は植生保護期250円、ヒグマ活動期は小ループツアー3000円、大ループツアー4500～5000円前後（ガイド事業所により異なる）交ウトロ温泉バスターミナルから知床五湖行きバスで25分 Pあり（有料）

五湖 ➡ P.36
ごこ

周囲約400mの最も小さな湖。エゾリスやトンボなどの姿が見られることも。

一湖 ➡ P.37
いちこ

湖畔まで高架木道からも行くことができる。湖畔展望台からの眺望も抜群。

知床五湖フィールドハウス

高架木道

知床五湖トレッキング

世界自然遺産の
緑のなかを歩く!!

所要 ◆ 約3時間（ヒグマ活動期）
所要 ◆ 約1時間30分（植生保護期）

知床五湖を散策

知床の自然にふれられる五湖散策。時期によって
異なる散策ルールを、しっかり守って存分に満喫したい。
ここでは、すべての湖が見られる地上遊歩道、大ループを紹介。

1 五湖
ごこ

鏡のように木々の緑を映す

知床五湖のなかで最も小
さく、周囲約400mの静か
な湖。湖面に映る木々の
緑がひときわ美しい。

知床●遊ぶ

2 四湖
よんこ

静寂のなかで水鳥を観察する

知床連山の硫黄山が望める、
静寂に包まれた湖。周囲には
原生林が生い茂り、水鳥の観
察スポットとしても人気。

3 三湖
さんこ

湖に浮かぶ小島の景色を楽しむ

広々とした湖面に知床連山が
映える。小島が浮かぶ風景が
特徴。初夏にはミズバショウや
ネムロコウホネが見られる。

知床五湖はいずれも静
寂に包まれ、鏡のよう
に澄んだ水をたたえる

1 五湖

2 四湖

トドマツやミズナラ
の原生林が広がる

二湖 4

アカゲラが木をつつく
姿や、ヒグマの爪痕
などが見られることも

3 三湖

三湖は夏季になると
美しい花々が咲き、
訪れる人を楽しませる

0　　　100m

·········· 小ループ
·········· 大ループ
||||||||||| 高架木道

4 二湖
にこ

絶景ポイントとして人気の高い湖

周囲約1.5kmと5つの湖のなかで最大の湖。
湖の向こうにそびえ立つ知床連山を眺めら
れる絶好のロケーション。

ツアー参加のQ&A

Q 参加するときの服装・持ち物は？

A 防寒・虫よけ・日焼け防止のためにも長袖・長ズボン、帽子の着用を。乾きにくいジーンズは避け、トレッキングシューズかスニーカー、両手が空くリュックがベスト。ヒグマを誘引するジュースや食べ物の持ち込みは厳禁。

Q どんなルートがある？

A すべての湖が見られる約3kmの大ループと、一湖・二湖だけをまわる約1.6kmの小ループがある。

Q 手続きは必要？

A ヒグマ活動期はガイドツアーの参加申込、植生保護期は立ち入り手続きが必要。ヒグマ遭遇回避のレクチャー受講後散策へ。

植生保護期
4月下旬～5月上旬
10月下旬～11月上旬

散策前に知床五湖フィールドハウスでレクチャーを受講（受講料250円）しコースを選択。

ヒグマ活動期
5月上旬～7月下旬

知床五湖登録引率者によるツアー（要予約）のみ散策可能。コース別料金でレクチャー受講料込。

知床五湖 URL www.goko.go.jp/

地上遊歩道

知床五湖フィールドハウス
知床五湖パークサービスセンター

高架木道は往復で約1.6km。車椅子やベビーカーでも通行できる

連山展望台

高架木道

[5] 一湖

湖畔展望台

オコツク展望台

高架木道から地上遊歩道へは下りられない。湖畔展望台で折り返し

知床五湖はもちろん、オホーツク海の景色も楽しめる

ガイドツアーで知床五湖をじっくり楽しむ

一人では気づくことのできない、大自然や動物のさまざまな痕跡を観察。ガイドの説明を受けると、より安全で発見の多い散策が楽しめる。

知床ネイチャーオフィス ➡P.42
SHINRA ➡P.42
知床オプショナルツアーズSOT! ➡P.42

高架木道からの景観を楽しむ

駐車場から一湖湖畔まで続く無料の木道。ヒグマの侵入を防ぐ電気柵が施され、車椅子やベビーカーでも安心して散策を楽しむことができる。

連山展望台
れんざんてんぼうだい

入口から最も近くにあり、往復わずか500m。知床連山が見渡せる眺望抜群の展望台。

オコツク展望台
オコツクてんぼうだい

標高254mにあり、知床連山や湖のほか、オホーツク海まで見渡すことができる。往復1km。

湖畔展望台
こはんてんぼうだい

高架木道の最終地点に位置するひな壇状の展望台で、記念撮影にぴったり。往復1.6km。

5 一湖
いちこ

3カ所の展望台にもアクセスする

雄大な羅臼岳や、対岸も見渡せる開放感のある景色が楽しめる。

春から夏にかけては、8〜9m級の大きなシャチが尾びれを翻して泳ぐ姿が見られることも

知床●遊ぶ

羅臼の海峡で繰り広げられる

生命の躍動と遭遇

アニマルウォッチングクルーズ

半島の東側に広がる根室海峡。多種類のイルカやクジラ、シャチなど
多彩な生き物と遭遇できる世界でも希少な海で、
人気のアニマルウォッチングクルーズを体験したい。

国内外からも注目される貴重な海域で
海の野生生物たちの姿を間近に観察

　対岸に見える国後島まで、わずかに25kmという羅臼は、豊富な魚介を求めて根室海峡にやってくるクジラやシャチ、イルカなどの海洋生物が見られることで、注目のエリアだ。羅臼港からクルーザーに乗って、人気のネイチャークルーズをぜひとも体験しよう。悠然と泳ぐ生き物たちに出会えるかもしれない。

アニマルウォッチングクルーズの催行会社

知床ネイチャークルーズ
しれとこネイチャークルーズ

テレビ取材なども多い、人気のクルーズ船。熟練ガイドがしぶきや噴気をポイントに、イルカやクジラを探してくれる。

羅臼 MAP 付録P.5 E-3
☎0153-87-4001　所羅臼町本町27-1
営4月下旬〜10月中旬（要予約）　休荒天時
料クジラ・イルカ・バードウォッチング（約2時間30分）8800円　交道の駅知床・らうすから徒歩1分　Pあり

ゴジラ岩観光
ゴジラいわかんこう

知床クルーズを数多く開催。スタッフの長年の経験を生かしたクルーズツアーに定評がある。動物との遭遇率も高い。

羅臼 MAP 付録P.5 E-3
☎0153-85-7575　所羅臼町本町30-2
営4月下旬〜10月上旬（要予約）　休荒天時　料知床半島クジラ・イルカウォッチングクルーズ（約2時間30分）8800円　交道の駅知床・らうすから徒歩1分　Pあり

観光船はまなす
かんこうせんはまなす

知床羅臼沖でクジラ類を探すコース。野生生物を驚かさないようにゆっくりと近づくスローウォッチングを行う。

羅臼 MAP 付録P.5 E-3
☎0153-87-3830　所羅臼町本町372-1
営4月下旬〜9月（要予約）　休荒天時
料ホエールウォッチング（2時間30分〜3時間）8800円　交道の駅知床・らうすから徒歩1分　Pあり

38

魅力あふれる
海のアイドル
クルーズで出会える主な生き物

マッコウクジラ	イシイルカ	シャチ	ミズナギドリ	オジロワシ
大型のハクジラの仲間でオスは体長16m以上。400m以上の深海から息継ぎのために浮上してくる。	白と黒の体色が特徴。水を切るようにしぶきを上げながら時速50km以上で泳ぐ。比較的遭遇率が高い。	最大級のオスは体長10mにもなるクジラの仲間。2mもの大きな背びれを持ち、群れでクジラを襲うことも。	南半球から群れで飛来し、多いとき は数万羽がオキアミなどを捕食するため海上で群舞する姿が見られる。	流氷とともに飛来する。体長70〜100cm。絶滅を危惧され、世界中からファンが見に来る希少な鳥。

ツアー参加のQ&A

Q 最新情報はどこで知る?

A 「道の駅 知床・らうす」(P.62)1階の観光案内所(☎0153-87-3330)にある掲示板に、クルーズの運航状況や最新情報などが掲載されているのでチェックしよう。

Q 服装・持ち物は?

A 羅臼は真夏でも平均気温は20℃以下。海上はさらに寒いので、防寒用の上着を忘れずに。双眼鏡があると動物たちを間近に観察できる。船酔いが心配なら酔い止めも準備しておこう。

生き物との遭遇カレンダー

豊かな羅臼の海にやってくる野生生物たち。遭遇確率データを目安にしながらウォッチングを楽しもう。

	マッコウクジラ	ミンククジラ	イシイルカ	カマイルカ	シャチ	ミズナギドリ	オジロワシ	アザラシ
1月							●	●
2月							●	●
3月							●	●
4月		●	●		●	●		
5月		●	●		●	●		
6月		●	●	●	●	●		
7月	●	●	●	●	●	●		
8月	●		●	●	●	●		
9月	●		●	●		●		
10月			●					
11月								
12月								

● 見られることがある ● よく見られる

アニマルウォッチングクルーズ

陸からアニマルウォッチング
クジラの見える丘公園

クジラのみえるおかこうえん

羅臼灯台に隣接。クジラの潮吹きやイルカの姿が見られることも。14時〜日没30分前がおすすめ。双眼鏡を持って訪れよう。

羅臼 MAP 付録P.5 F-1

☎0153-87-2126(羅臼町産業創生課) 所羅臼町海岸町 開見学自由 休冬季 料無料 交阿寒バス羅臼営業所から相泊行きで8分、陶道口下車、徒歩15分 Pあり

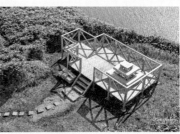

⬆見たい生物人気No.1のマッコウクジラ

断崖を流れる水脈の迫力を体感

大自然の造形美

知床の名瀑めぐり

半島の中央部に山々が連なり、
平地部がほとんどない急峻な地形が
生み出した知床の滝。ダイナミックな
水の流れは、訪れる者を魅了する。

オホーツク海

知床半島

知床岬 ★

★ カムイワッカ湯の滝 ★
★ 知床五湖
★ フレペの滝 ★
★ 三段の滝 ★ ウトロ　知床峠
★ オシンコシンの滝　羅臼
根室海峡

カムイワッカ湯の滝

カムイワッカゆのたき
ウトロ **MAP** 付録P.3 E-2

天然温泉が流れる温かい滝

硫黄山から湧出する温泉水が川となって流れ落ちる滝。カムイワッカ湯の滝のぼりはオンライン予約必須。

☎0152-22-2125（知床斜里町観光協会）所斜里町岩尾別 営要予約 休11〜6月 料2800円 交ウトロ温泉バスターミナルから車で50分。マイカー規制期間はウトロ温泉バスターミナルから知床自然センターまで車で10分、知床自然センターからシャトルバスで40分 Pあり

三段の滝

さんだんのたき
ウトロ **MAP** 付録P.3 D-2

静かで優美なウトロの秘瀑

遠音別岳を源とするオショコマナイ川の海岸段丘を3段になって流れ落ちる。生い茂る木々のなかを静かに流れるさまが美しい。夏は、一番上の段が草木に覆われる。

☎0152-22-2125（知床斜里町観光協会）所斜里町ウトロ 休料見学自由 交ウトロ温泉バスターミナルから車で7分 Pあり

フレペの滝
フレペのたき
ウトロ MAP 付録P.4 B-1

↑展望台からはオホー
ツク海も望める

断崖を流れ落ちる絶景の滝

断崖絶壁を幾筋もの流れとなって落ちる繊
細な滝。別名「乙女の涙」とも呼ばれる。
遊歩道入口から滝が見下ろせる展望台まで
の往復2kmはトレッキングも楽しめる。

☎0152-24-2114(知床自然センター)
所斜里町岩尾別 開休料見学自由
交ウトロ温泉バスターミナルから知床自然センター
(遊歩道入口)まで車で10分、知床自然センターから徒
歩20分 Pあり(知床自然センター駐車場)

オシンコシンの滝
オシンコシンのたき
ウトロ MAP 付録P.3 D-3

圧倒される知床最大の名瀑

「日本の滝100選」にも選ばれた
美しくダイナミックな滝。途中で2
筋に分かれることから「双美の
滝」とも呼ばれる。滝の目の前ま
で階段で近づくことができる。

☎0152-22-2125(知床斜里町観光協会)
所斜里町ウトロ 開休料見学自由
交ウトロ温泉バスターミナルから斜里方
面行きバスで10分、オシンコシンの滝下
車、徒歩1分 Pあり

知床の名瀑めぐり

大自然のアクティビティ
秘境・知床を冒険

アクティビティに参加すると、知床の自然の奥深さがより満喫できる。熟練のガイドによる案内も心強い。

本格トレッキングに挑戦
羅臼湖トレッキング

片道3kmの登山道を歩き知床最大の湖・羅臼湖を目指す。高山植物や広々とした絶景を楽しむことができる。一部足場が悪く、少々体力が必要。

難易度 ★★★★★

写真提供:
知床ネイチャーオフィス

真っ暗な夜空に瞬く星の輝きに感動
知床スターウォッチング

人工の明かりがほとんどない知床の夜空を満喫するツアー。その日の条件に合わせて絶好のポイントで実施。

難易度 ★★★★★

写真提供:星の時間／
知床ネイチャーオフィス

野生動物との遭遇にも期待
フレペの滝散策ツアー

野生動物との遭遇率も高く、道も歩きやすいので初心者でも安心して参加できる。知床の凝縮された自然環境が気軽に楽しめる。

難易度 ★★★★★

写真提供:SHINRA

アクティビティ料金表

知床オプショナルツアーズSOT! しれとこオプショナルツアーズソット	☎0152-24-3467 所斜里町ウトロ香川67 交ウトロ温泉バスターミナルから約1.5km Pあり	営業時間 6:00～21:00 営業期間 1～10月 休不定休 URL www.shiretoko.info/
SHINRA シンラ	☎0152-22-5522 所斜里町ウトロ西187-8 交ウトロ温泉バスターミナルから約0.3km Pあり	営業時間 9:00～19:00 営業期間 通年 休無休 URL www.shinra.or.jp
知床ネイチャーオフィス しれとこネイチャーオフィス	☎0152-22-5041 所斜里町ウトロ東365 交ウトロ温泉バスターミナルから約1.7km Pあり	営業時間 夏季8:00～19:30 冬季8:30～18:00 営業期間 夏季4月中旬～11月中旬、冬季1月中旬～3月下旬 休期間中無休 URL sno.co.jp
ノーザンライツ	☎0152-26-7716 所斜里町ウトロ香川21 交ウトロ温泉バスターミナルから約1.2km Pなし	営業時間 7:00～19:00 営業期間 夏季GW～10月、冬季1～3月 休期間中無休 URL www13.plala.or.jp/yashirotakeshi/
星の時間 ほしのじかん	☎090-9750-6187 所斜里町ウトロ高原56 A104 交ウトロ温泉バスターミナルから約1km Pあり	営業時間 7:00～19:00 営業期間 通年 休無休 URL siretoko.jimdo.com

※各アクティビティの名称は、催行会社によって異なる場合があります。　※各アクティビティは事前に予約が必要となります。
※各アクティビティの実施期間・時間は、事前に催行会社にご確認ください。

知床●遊ぶ

知床の自然を味わい尽くす
知床1日ツアー

主要な景勝地を効率よく巡ることができる。知床の貴重な生態系も、ガイドの解説があるとわかりやすい。

難易度 ★★★★★　写真提供：SHINRA

世界自然遺産・知床の海へ出航
シーカヤック

陸からは近づけない滝を間近に見ることができる。事前にレクチャーがあるので初心者でも大丈夫。海上から見上げる断崖も迫力がある。

難易度 ★★★★★　写真提供：ノーザンライツ

オホーツク海の流氷で遊ぶ
流氷ウォーク

専用ドライスーツを着て、流氷押し寄せるオホーツク海へ。泳いだり、クリオネを探したり、楽しみ方はさまざま。

難易度 ★★★★★
写真提供：
知床オプショナルツアーズSOT!

知床スターウォッチング	羅臼湖トレッキング	フレペの滝散策ツアー	知床1日ツアー	ヘリクルージング	流氷ウォーク	シーカヤック
			8時間10分 1万円		2時間 6000円～ （「冬の1日ツアー」で実施）	
	5時間30分 8000円～	1時間30分 3100円	7時間 1万1000円～		1時間30分 6000円～	
1時間30分 3000円 （小学生以上）	5時間 7000円 （小学生以上）	2時間 3000円 （小学生以上）	8時間30分 1万円 （小学生以上）		7時間30分 1万2000円 （「冬の一日体験」内で実施、身長・体重制限あり）	
			6時間 1万5000円 （「森の1日コース」で実施、昼食込）			6時間 1万8000円 （3時間1万1000円もあり。15歳以上）
1～2時間 4000円 （身長120cm以上）		2時間 4000円	7～8時間 1万円			

知床ドライブ

羅臼岳の麓に延びる絶景ドライブコースを走る

知床横断道路

5〜11月の半年間、ウトロと羅臼の間を
蛇行しながら走れるワインディングロード。
絶景のほか、熊の湯に立ち寄るのも楽しみだ。

ウンメーン岩
知
床
オホーツク海
斜里町
ルシャ山
P.40 カムイワッカ湯の滝 ★
半
知円別岳
P.35 知床五湖 ★
島
岩尾別温泉♨
サシルイ岳
チャシコツ崎
ウトロ崎
1334
羅臼岳
井財崎
ウトロ市街
知床横断道路
1 知床峠
3 熊の湯
START
★ オシンコシンの滝
P.41
334
羅臼川
知西別岳
羅臼湖
羅臼市街
見返り峠
2
遠音別岳
GOAL
羅臼町
N
0   4km
根室海峡

正面に羅臼岳がそびえ、国後島も見渡せる

1 知床峠
しれとことうげ
MAP 付録 P.5 D-1
羅臼岳を仰ぐパノラマ

知床横断道路の中間地点に位置する標高738mの峠。本州中部の2000m級の高山とほぼ同じ環境で、眺望を満喫できる。施設は駐車場とトイレのみ。

☎0152-22-2125
（知床斜里町観光協会）
所斜里町国立公園内
休11月中旬〜4月下旬
交ウトロ温泉バスターミナルから約15km
Pあり

↪峠から羅臼に向かう道は急カーブが続くので慎重に運転を

2 見返り峠
みかえりとうげ
MAP 付録 P.5 D-1
眺望抜群のポイント

標高690mの紅葉と新緑の名所。雲海とその向こうに国後島が見える絶景に出会えることも。

☎0153-87-3360
（知床羅臼町観光協会）
所知床国立公園内
休11月上旬〜4月下旬
交ウトロ温泉バスターミナルから約19km Pなし

知床●遊ぶ

立ち寄りスポット

知床自然センター

しれとこしぜんセンター

知床のフィールドを知り、楽しむための国際ビジターセンター。フレペの滝(P.41)への遊歩道はここからスタート。MEGAスクリーンKINTOKOで上映されるオリジナル作品は必見。

MAP 付録P.4 B-2

☎0152-24-2114 所斜里町岩宇別531
営8:00〜17:30 10月21日〜4月19日9:00〜16:00 休無休 料無料 交ウトロ温泉バスターミナルから約5km Pあり

⤴最新の自然情報を提供している

⤴大型の映像ホール「MEGAスクリーンKINETOKO」

3 熊の湯
くまのゆ

MAP 付録P.5 E-1

原生林に湧く露天風呂

羅臼市街の手前にある高温の露天風呂。基本的に男女別で、男性用の湯船は仕切りがなく周りの風景が楽しめる。女性風呂は仕切りがあるが空は広い。

☎0153-87-2126(羅臼町産業創生課)
所羅臼町湯ノ沢町 営休料入浴自由(5〜7時は清掃のため入浴不可) 交ウトロ温泉バスターミナルから約29km Pあり

⤴駐車場から橋を渡り脱衣所へ。手前が女性用、奥が男性用

およそ27kmの知床横断道路は原生林の中を抜け、羅臼岳やオホーツク海の絶景を見ながら走るドライブコース。知床峠が近づくとカーブが増えるため、運転は慎重に。特に羅臼側は急カーブが多い。また動物の飛び出しや、天候による通行止め、夜間の通行規制が行われることもあるので事前に確認を。12〜4月は積雪のため通行できない。

ウトロ市街
ウトロしがい
⬇ 国道334号経由 約15.5km・18分
1 知床峠 しれとことうげ
⬇ 国道334号経由 約3.9km・5分
2 見返り峠 みかえりとうげ
⬇ 国道334号経由 約9.5km・11分
3 熊の湯 くまのゆ
⬇ 国道334号経由 約2.9km・4分
羅臼市街 らうすしがい

知床横断道路

根室海峡と国後島を眺める絶景ポイント。カーブの多い場所なので運転は慎重に

⤴知床連山の山あいを走るワインディングロード。北海道の大自然を満喫できる

多くの生命が躍動する大自然の仕組みに迫る

野生の楽園・知床の物語

知床…アイヌ語のシリエトク（地の突端部）に由来するという秘境だが、絶滅危惧種をも多く含む
特徴的な生態系と生物の多様性により、世界自然遺産に登録された大地の今昔をたどりたい。

始まりは圧縮された海底のマグマの噴出

世界遺産・知床の成り立ち

海底火山と2つのプレート活動で出現した
半島に並ぶ火山の連山が秘境を生んだ

　標高1661mの羅臼岳を最高峰とする、1500m級の山々が半島の中央部にほぼ縦に並ぶ知床連山は千島火山帯に属するが、その地質学的な歴史は約860万年前の海底火山の噴火による堆積物に始まる。まだ海底にあった知床半島は、約100万年前に北アメリカプレートに太平洋プレートがもぐり込み、北アメリカプレートが盛り上がることで海上に出現した。約50万年前には半島を縦断するように地上火山の連山が形成され、それらの火山と噴火による溶岩や火山灰などの堆積物が半島沿岸に奇岩や絶壁、柱状節理などの景観と多様な生態系を現在に残すことになった。

世界遺産に認定された範囲

長さ約70km、基部の幅約25kmの平地がほとんどない知床半島の面積は約10万ha。このうち約7万1103haが世界自然遺産登録地域で、陸上は遠音別岳周辺から知床岬まで、海域は西側のオホーツク海側は幌別川から先端部、根室海峡側はルサ川から先端部まで、沖合3kmを含むエリア

で、半島のほぼ半分の面積を占める。この地域は知床国立公園、遠音別岳原生自然環境保全地域、知床森林生態系保護地域、国指定知床鳥獣保護区としても指定され、保護されている。

約860万年前

知床で最も古い地層は、約860万年前のものとされ、これは海底火山が繰り返し噴火することによって溶岩などの堆積物が海上に盛り上がって形成されたもの。

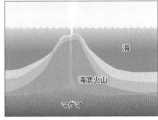

約100万年前

千島列島のある北アメリカプレートに太平洋プレートがもぐり込み、北アメリカプレートが圧縮されたことにより、約100万年前に半島が海上に姿を見せた。

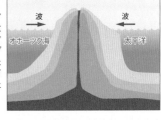

約50万年前

アーチ状に盛り上がった千島列島の南端が北海道につながり、約50万年前頃には知床半島の中央を縦断する割れ目からマグマが噴出し陸上火山が形成された。

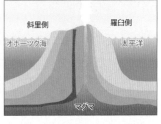

～現在

半島に並んだ火山の噴火によって、オホーツク海側に流れた溶岩が長期間にわたる波や流氷などによって浸食され、現在見られるような奇岩などが生まれた。

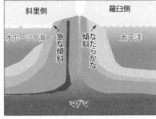

流氷が運んでくるダイナミックな生態系

命の循環を支える知床の海

**豊富な栄養分が冬のオホーツク海に流れ込み
繰り広げられるさまざまな生命の賑わい**

　オホーツク海に流れ込むロシアのアムール川の水には豊富な栄養分やプランクトンが含まれる。河口付近は塩分濃度が希釈されるため、冬季には海水がシャーベットのように凍り始め、養分やプランクトンを含んだまま凍結して流氷として北海道方面に運ばれてくる。やがて巨大な流氷は底部から溶けだし、含まれている栄養によって植物プランクトンが増殖、これを動物プランクトンやエビ、小魚類が捕食、それらを大型の魚類が食べ、さらにそれらを求めて北から回遊してくるトドやアザラシなどの鰭脚類（海生哺乳類）、オオワシなどの海鳥が集まってくる。流氷の知床の海は多くの生物で賑わいをみせる。

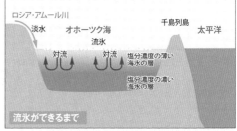
ロシア・アムール川
淡水　オホーツク海　千島列島　太平洋
流氷
対流　対流　塩分濃度の薄い海水の層
塩分濃度の濃い海水の層

流氷ができるまで

　アムール川の淡水が流入して、海水は塩分が薄い高さ50mほどの軽い層と、以下の重い層に分離するが、この2つの層は混合しない。薄い層では対流が発生し、海水の氷結温度−1.8℃に短時間で達するので海水面が氷結、流氷となっていく。

↑1月中旬～下旬に漂着する流氷をめぐって生命のドラマが展開

↑オオワシやオジロワシが冬季になると越冬のために南下してくる

根室海峡の多彩な魚が集まる羅臼

　羅臼の東に広がる根室海峡は、宗谷暖流と東樺太海流が合流するため大量のプランクトンが発生し、さらに海底が起伏に富んでいることもあって、絶好の漁場となっている。秋鮭、スケソウダラ、イカ、昆布などが中心。

羅臼 ➡ P.54

オホーツク海
南下した流氷は知床半島で食い止められる形となり、海が見えなくなる「流氷大陸」という景観を見せる

根室海峡
羅臼側にも知床岬を取り巻くように流氷が流れ込んでくるが、その時期や量は風向きなどに左右される

↑流氷の状況はJAXAのEORC（地球観測研究センター）サイトのページ「オホーツク海の海氷分布」で毎日見られる（地球環境観測衛星みどりⅡによる）

野生の楽園・知床の物語

海と陸でつながる生態系

連山と半島を囲む海とがもたらす豊かな食環境
プランクトンからヒグマまでうまくつながる

　知床の生態系を支える食物連鎖は流氷が運んでくる生産者としての植物プランクトンを起点に、小形の魚介類から大形の哺乳類、鳥類へとつながっていく。秋に川を遡上してくるサケやマスはエゾヒグマやシマフクロウの被食者となる。エゾシカやエゾリスなどの草食動物は知床の豊かな植生がもたらす草木や果実などを食料とする。さらにこれらの肉食動物や鳥類、草食動物が死ぬとその死骸はバクテリアなどによって分解され、土壌となって植物の栄養となる。ただ、エゾヒグマのように昆虫や木の実なども食べる雑食性の生物もいて、その食物連鎖は複雑となるが、全体として海・川・山を舞台とした知床の捕食・被食のバランスは見事といえる。

🔁オホーツク海の流氷がもたらす栄養に富んだ海水によって海と陸との生物が絶妙な食物連鎖を形成し、知床半島に奇跡的な生態系をつくり上げる

知床に生息する多様な生物

　知床という狭いエリアに生息する生物の種類は、固有種はないが多種にわたり、その多様性に驚く。エゾヒグマやトド、ツチクジラなどの哺乳類が58種、オオワシやオジロワシなどの鳥類285種、ニホンカナヘビなどの爬虫類8種、エゾサンショウウオなどの両生類3種、シロザケやオショロコマなどの淡水魚を含む魚類303種、シレトコスミレやエゾノバッコヤナギ、アカエゾマツの純林などの植物872種、カラフトルリシジミやラウスオサムシなどの昆虫類2500種以上※が記録されている。これらのなかには、レベルは異なるが絶滅危惧種としてリストアップされているものも多い。※北海道地方環境事務所・釧路自然環境事務所『知床国立公園管理計画書』(2013.4)による

🔁ヒグマの亜種、エゾヒグマはサケばかりかアリやハチも好物だ

知床
自然

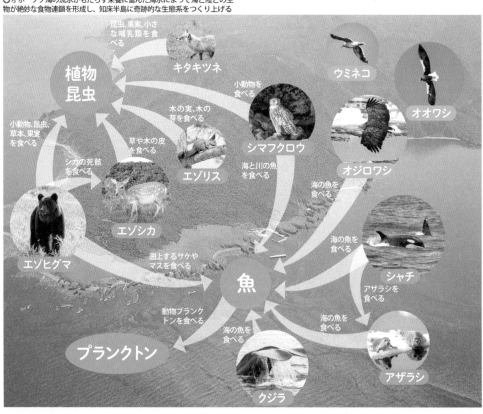

豊饒の海に包まれた半島で繰り広げられた歴史を知る

大自然を舞台とした人々の歩み

厳しい自然環境に置かれた知床だが、縄文時代から人々の営みは始まっていた。
アイヌの世界から、和人の流入、世界自然遺産への登録まで、最果ての地の歴史を紐解く。

縄文時代の太古から人々が暮らした

知床には8000年前の縄文早期にはすでに人が生活していたと考えられ、縄文後期のものとされる北海道特有の周堤墓が斜里朱円周堤墓群で発見され、知床岬では続縄文文化などの大集落も発掘された。5～11世紀には海洋狩猟を生業とする、アムール川やサハリンからの移住者・オホーツク人によるオホーツク文化が栄えた。その頃の集落跡とされるチャシコツ岬上遺跡（斜里町）では2016年、奈良時代鋳造の銅銭「神功開宝」が発掘され、知床と律令国家に交流があった可能性が話題となった。7～13世紀には擦文文化が並立し、羅臼町ではオホーツク・擦文両文化の特徴を持つトビニタイ土器が出土している。

アイヌの生活基盤を侵食する和人

13世紀になるとオホーツク・擦文文化が終わり、アイヌ文化が誕生するが、その居住域はオホーツク文化領域にまで拡大する。アイヌ民族は文字記録を残さなかったが、知床半島に多くのアイヌ語地名が残されているのはその証拠といえる。現在のウトロや知床岬、ルシャ、サルシイなどにコタン（集落）があった。寛文9年（1669）、松前藩による従属の強制に対しアイヌ民族の抵抗としてシャクシャインが蜂起するが、この戦いに知床岬とルシャのアイヌが参加している。寛政元年（1789）のクナシリ・メナシの戦いでは白梨（羅臼）のアイヌも合流している。これも和人によるアイヌ酷使に耐えられなかったためだ。

津軽藩士殉難慰霊碑

つがるはんしじゅんなんいれいひ

斜里 **MAP** 付録P.2 B-1

文化4年（1807）、蝦夷地へのロシアの相次ぐ襲来に対し、幕府は北方警備のために津軽藩士約100名を斜里に派遣したが、酷寒とビタミンの不足による浮腫病で約70人が死亡した。同9年に供養碑を建立。

☎0152-23-1256（知床博物館）
🏠斜里町本町12 🕐見学自由
🚃JR知床斜里駅から徒歩15分
Ｐなし

写真提供：斜里町役場

三重県出身の探検家・松浦武四郎

まつうらたけしろう

江戸期に松前藩は蝦夷地各地にアイヌとの交易場として「商場（場所）」を設置。寛政2年（1790）には斜里にも場所が開設されている。幕府は文化4年（1807）に蝦夷全島を直轄。同年、津軽藩士殉難事件が起きた（下欄参照）。弘化2年（1845）から6回にわたって蝦夷地を探検・調査した松浦武四郎は『知床日誌』を刊行、アイヌの人々の素朴さや誇り、そして場所請負人らの悪行による惨状を書き記している。明治2年（1869）には明治政府により開拓判官に任命されるが、政府のアイヌ政策を批判して翌年に辞職し、「馬角斎」と号した。

◁武四郎は「北海道」の基になる名称を考案したことでも知られる〈松浦武四郎記念館蔵〉

↑『東西蝦夷山川地理取調図』〈函館市中央図書館蔵〉松浦が安政6年（1859）に出版した地図の知床部分。膨大なアイヌ語名が見える

困難を極めた開拓から自然保護へ

知床の農業開拓は大正3年（1914）の岩尾別から始まるが、大正14年（1925）のバッタの害によって撤退。戦前にも再入植、さらに戦後には樺太や千島などから集団入植が試みられたが成功しなかった。この開拓跡地を乱開発から守るため「しれとこ100平方メートル運動」が昭和52年（1977）に開始され、後に森林再生事業につながっていく。昭和41年（1966）に知床国立公園に指定され、2005年には世界自然遺産に登録された。

野生の楽園・知床の物語

動物

天然記念物や絶滅危惧種の動物たちが、知床の大自然のなかで悠々と暮らしている。

エゾヒグマ
日本では北海道だけに生息。知床には250頭ほどと、生息密度は世界有数。

エゾシカ
知床だけで1万頭以上が生息。ほとんどの草木の葉やササを主食とする。

エゾリス
日本では北海道だけで見られる。体長は成獣で20cmほど。冬眠はしない。

ウミネコ
カモメ科の海鳥。オロンコ岩など断崖の岩場に多数のコロニーが見られる。

オオワシ
オホーツク海北部から流氷とともに飛来する。翼を広げると2mを超す。

オジロワシ
黒っぽい体に尾だけが白い。流氷とともに飛来し、主に知床で繁殖する。

クマゲラ
原生林に生息するキツツキの仲間。体長50cm前後。後頭部が赤い。

壮大なスケールの自然が育む多彩な生命
知床の動物と植物

現在、半島のおよそ60%が特別保護区に指定されている知床。
豊かな海と豊かな森に生きる、躍動感あふれる多様な生物を知る。

マッコウクジラ
体長16mにもなる、ハクジラの最大種。夏になると根室海峡北部に現れる。

植物

872種にもおよぶ知床半島の植物の数々。繊細で力強い魅力にあふれている。

ミズバショウ
知床五湖の三湖に大群落がある。地下茎はヒグマの大好物。開花期4〜6月。

ジャガイモ
デンプンを取るため、斜里では明治期から生産が始まった。5〜6月。

クロユリ
釣鐘形の花が下向きに咲くユリ科の花。アイヌ料理の食材。5〜6月。

イソツツジ
海岸ではなく、火山灰地や湿地に生育。硫黄山に大群落がある。6〜8月。

エゾツツジ
鮮やかな紅紫色の花が特徴で、高さ10〜30cmの高山植物。6〜8月。

エゾスカシユリ
ワッカ原生花園が最大の群生地だが、道東各地で見られる。6〜8月。

ハマナス
知床各地の海岸砂地に自生。赤い実はジャムにも利用される。6〜9月。

キタキツネ
北半球に生息するアカギ
ツネの亜種。動物や木の
実まで食べる雑食性。

エゾユキウサギ
日本では北海道だけに生
息。体長60㎝、冬は耳の
先端以外真っ白になる。

シマフクロウ
翼を広げると体長180㎝
にもなる世界最大のフク
ロウ。絶滅危惧種に指定。

エゾクロテン
イタチの仲間。体長は40
㎝前後、生息数が少なく、
滅多に見られない。

シャチ
マイルカ科の最大種。時
速60〜70kmで泳ぎ、アザ
ラシやクジラも捕食する。

ゴマフアザラシ
灰色の肌に黒のまだら模
様が特徴。流氷とともに回
遊し、出産・育児もする。

ヒオウギアヤメ
高さ60〜90㎝にもなり、
道東の湿地や湿った草地
に群生。6〜7月。

シレトコスミレ
可憐な姿が特徴で、知床
にのみ生育する危急種。6
月中旬〜7月中旬。

ウコンウツギ
スイカズラ科の花。羅臼
岳登山道などで見ること
ができる。7〜8月。

エゾカンゾウ
海岸沿いや湿地に咲く。
朝に咲き夕方には閉じて
しまう。7〜8月。

知床の観光マナー

**世界遺産・知床の豊かな大自然は、長年の保護活動
のもとに守られた日本の貴重な財産。未来に残すた
めにも、きちんとルールを守って楽しみたい。**

登山道・遊歩道以外歩かない

植物を踏みつけると、植生の破壊が進
むこともあるので、木道が敷かれてい
る場所では踏み外さないこと。

動植物を採集しない

遺産地域は、国立公園法などで、自
然の産物採取を禁じている。犯罪行
為になるので絶対にしないこと。

ゴミを捨てない

食べ物やゴミの放置は野生動物を引き
寄せるので危険。環境保全のために
も、ゴミは必ず持ち帰ろう。

動物にエサを与えない

人の食べ物の味を覚えると、車や家屋
に侵入したりして動物も人も危険。の
ちのちのことも考えて行動を。

動物に近づかない

好奇心やかわいさで近づきすぎるのは
リスクが高い。近くで観察したい場合
はガイド付きのツアーに参加を。

ペットを連れて行かない

ペットのし尿や、病原菌が生態系に影
響を及ぼすほか、臭いがクマを引き寄
せるため、同伴は避けるべき。

野生動物に出会ったら

**生息密度の高い動物は出会う頻度も高い。むやみに
近づかず、遭遇時の対処法も学んでおきたい。**

ヒグマ

大声を出したり走
らずに、静かに後
ずさりして避難。
襲われたらうつぶ
せになり、首の後
ろを保護。撃退ス
プレーも有効。

エゾシカ

近づきすぎなけれ
ば観察可能。車
は、接触すると角
でガラスを破った
り、ドアを大破さ
せることもある。
飛び出しに注意。

キタキツネ

人なつっこく、観
光客にエサをねだ
ることもあるが、
寄生虫のエキノコ
ックスを媒介する
ので、絶対に触れ
てはならない。

ウトロ

オホーツク海側に位置する
知床観光の拠点でホテルや旅館が立ち並ぶ。
夏季には観光船が発着。

観光のポイント

原生林の中の知床五湖を散策し、
動物の痕跡や植物観察を楽しむ

クルーズで、海から知床岬や断崖絶
壁を眺め、クジラなどの海洋生物を
観察する

⬆海沿いに広がる知床国立公園の玄関口とな
る街。ホテルや飲食店が揃う

温泉や奇岩など見どころが多い
観光と水産業で賑わう街

　オホーツク海に面した街で、アイヌ
語で「ウトロチクシ=岩の間を通って
行く場所」を意味する地名どおり、ゴ
ジラ岩や大きなオロンコ岩がシンボル
だ。断崖絶壁を流れ落ちるダイナミッ
クな滝をはじめ、知床半島の絶景が楽
しめるクルーズや知床五湖の散策など、
世界遺産の旅の拠点となっている。

(交通information)

女満別空港から斜里バス女満別空港線で斜里バ
スターミナルまで1時間20分

名勝・知床八景

ウトロにある8つの代表的な景勝地、オ
シンコシンの滝(P.41)、 オロンコ岩
(P.53)、 夕陽台(P.53)、 プユニ岬
(P.32)、フレペの滝(P.41)、知床峠
(P.44)、知床五湖(P.35)、カムイワッ
カ湯の滝(P.40)は知床八景の名で親し
まれている。

知床世界遺産センター

しれとこせかいいさんセンター

MAP 付録P.4 B-4

知床の大自然の魅力と
リアルタイムな情報を提供

写真やパネル、動物の痕跡の模型
などを使って知床の自然の魅力と関
わり方について、わかりやすく紹介
する情報施設。

☎0152-24-3255 🏠斜里町ウトロ西186-10
🕐8:30〜17:30 10月21日〜4月19日9:00〜
16:30 🈲無休(10月21日〜4月19日は火曜)
💴無料 🚌ウトロ温泉バスターミナルから徒
歩5分 🅿あり

⬆動物の実物大の
写真や、ヒグマの
爪痕の模型も展示

⬇道の駅うとろ・シ
リエトク(P.62)に隣
接して建っている

オホーツク海　　　　　ウトロ崎

三角岩●

頂上へは170段
余りの階段を上
がっていく

オロンコ岩★

P.33知床観光船 おーろら🚢

知床世界遺産センター★

P.62道の駅うとろ・シリエトク🅿
P.60道の駅うとろ・シリエトク🍴
レストラン

波飛沫🍴 …

斜里

334

オロンコ岩

オロンコいわ

MAP 付録P.4 A-3

平らな岩の頂上から
360度のパノラマを楽しむ

ウトロ港の近くにある高さ60mの巨岩。かつて住んでいた先住民族「オロッコ族」にちなんで名付けられたという、知床八景のひとつ。

☎0152-22-2125（知床斜里町観光協会）⑰斜里町ウトロ東 働休料見学自由（展望台は4月下旬～12月下旬のみ見学可能）⑭ウトロ温泉バスターミナルから徒歩10分 Ｐあり

⬆高さ60mから海とウトロの街が見渡せる

⬆ウトロ市街と漁港まで見渡せる

⬇沈む夕陽で朱色に染まった美しい海面

夕陽台

ゆうひだい

MAP 付録P.4 C-3

季節ごとの美しさを見せる
オホーツク海の夕陽の名所

ウトロ温泉に近い国設知床野営場の一角にある展望所。流氷が黄金色に染まる冬も幻想的。近くの「夕陽台の湯」（6～10月）もおすすめ。

☎0152-22-2125（知床斜里町観光協会）⑰斜里町ウトロ香川 働休料見学自由 ⑭ウトロ温泉バスターミナルから徒歩20分 Ｐなし

立ち寄りスポット

波飛沫

なみしぶき

旭川の名店「山頭火」出身の店主が2008年にオープン。特選トロチーシューめんは臭みがなくあっさり食べられる。ラーメンのほか、とり串（3本540円）なども人気。

MAP 付録P.4 A-4

☎0152-24-3557 ⑰斜里町ウトロ西176-10 働11:00～14:30 17:30～22:00 休日曜、ほか不定休 ⑭ウトロ温泉バスターミナルから徒歩7分 Ｐあり

⬆特選トロチャーシューめん1330円はやわらかチャーシューがたまらない

⬆辛味噌らーめん950円は寒い季節にぜひ　⬆地元のみならず観光客にも人気

知床の宿 Kokun Kekun

しれとこのやどコクン ケクン

世界自然遺産海域前の眺めを愉しめる絶好のロケーションが自慢。冬の時期に流氷が流れ着くと、日本とは思えない風景が広がる。

MAP 付録P.4 A-2

☎0152-24-2752 ⑰斜里町ウトロ東361 働2月～3月中旬、GW・6月～10月下旬 休期間中無休 料入浴料800円 ⑭ウトロ温泉バスターミナルから車で3分 Ｐあり

露天風呂からはオホーツク海に沈む美しい夕日が望める

知床五湖
知床の宿 Kokun Kekun H

ゴジラそっくりの「ゴジラ岩」の撮影は夕方がベスト

夕陽の名所で、知床八景のひとつに選ばれている

334 知床国道

知床野営場

ウトロ漁港

P.148 知床 夕陽のあたる家
ONSEN HOSTEL H

★夕陽台

ゴジラ岩

H北こぶし知床
ホテル＆リゾート
P.147

夕陽台の湯

KIKI知床 ナチュラルリゾート
P.145

★ゴジラ岩観光 P.33

Rボンズホーム P.61

H知床ノーブルホテル
P.148

R海鮮料理番屋 P.58

H知床第一ホテル
P.148

ウトロ温泉
バスターミナル

ペレケ川

お宿来羅玖

ペレケ川

遠音別神社

知床 H

知床ウトロ学校

羅臼 らうす

根室海峡を望む漁業の街

豊かな漁場に恵まれた「魚の城下町」は、多様な漁業とホエールウォッチングの拠点として知られている。

↑年間を通じて多種多様な魚が漁獲される羅臼港。海の幸もぜひ味わいたい

根室海峡の恵みがもたらす
豊富な自然体験を満喫する

知床連山の東側に位置し、国後島 くなしりとう を25km先に望む街。昆布やホッケをはじめ多様な漁業が営まれ、魚市場の競り見学も見どころのひとつ。クジラなど大型海洋生物や鳥類の国内第一級の観察ポイントでもある。大自然のなかに点在する露天風呂で、ほっとひと息つくのも楽しみだ。

観光のポイント

豊かな海に集まるクジラやシャチ、海鳥などの姿をクルーズでじっくり観察

原生林や大海原を眺めながら、ワイルドな露天風呂を満喫する

交通information

中標津空港から根室バスで中標津バスターミナルまで9分、阿寒バスで阿寒バス羅臼営業所まで1時間30分

知床世界遺産 ルサフィールドハウス

しれとこせかいいさん ルサフィールドハウス
[MAP] 付録P.3 F-2

知床半島の先端部に関する最新情報を入手できる

知床岬や知床岳など半島の先端部を訪れる際のルールやマナー、知床の海について知ることができる。館内から根室海峡が眺められる。

☎0153-89-2722 ㊟羅臼町北浜8 ㊞5～10月9:00～17:00 ㊡期間中火曜 ㊕無料 ㊟阿寒バス羅臼営業所から車で30分 ㊅あり

知床羅臼 ビジターセンター

しれとこらうすビジターセンター
[MAP] 付録P.5 E-1

知床の自然や文化をわかりやすい展示で伝える

知床の自然を楽しむために必要な情報を発信している施設。ハイビジョン映像で見る『知床・羅臼の四季』や、体長7.6mのシャチの全身骨格など見応えも十分。

☎0153-87-2828 ㊟羅臼町湯ノ沢町6-27 ㊞9:00～17:00 11～4月10:00～16:00 ㊡月曜(7～9月の月曜は開館) ㊕無料 ㊟阿寒バス羅臼営業所から車で5分 ㊅あり

↑シャチの骨格標本は骨の細部まで見られる

↑羅臼観光の前に、まずはここに立ち寄りたい

↑根室海峡を望む道道87号沿いに建つ

知床 ●歩く・観る

羅臼国後展望塔

らうすくなしりてんぼうとう

MAP 付録P.5 D-4

羅臼岳から国後島まで一望する
海抜167mの展望台

羅臼の街並みや、25km先の国後島
までを一望する。漁業最盛期の秋に
は漁火が灯る景色も見られる。1階
は北方領土の歴史資料を展示。

☎0153-87-4560 **所**羅臼町礼文町32-1
時4〜10月9:00〜17:00 11〜1月10:00〜
15:00 2・3月9:00〜16:00 **休**11〜4月の
月曜(祝日の場合は翌日) **料**無料 **交**阿寒
バス羅臼営業所から車で5分 **P**あり

↑美しい夕景が
見られるスポッ
トとしても知ら
れる

↑眼下に広がる
羅臼漁港。冬に
は流氷が見える

羅臼町郷土資料館

らうすちょうきょうどしりょうかん

MAP 付録P.3 E-4

旧植別小中学校を改装した
羅臼の自然と文化の資料館

数千年前の縄文時代の遺跡から出
土した土器や石器、アイヌ文化と和
人の関わり、羅臼の人々の生活の
歴史など貴重な資料を公開。

☎0153-88-3850 **所**羅臼町峯浜町307-1
時9:00〜17:00 **休**土・日曜(7月〜9月中旬
は無休) **料**無料 **交**阿寒バス羅臼営業所か
ら車で26分 **P**あり

↑ヒグマなど
野生動物の剥
製も展示する

↑縄文から近
代まで、多彩な
資料が揃う

英嶺山
知床世界遺産★
ルサフィールドハウス
相泊温泉♨
セセキ温泉♨
★知床羅臼ビジターセンター
ウトロ
間歇泉♨
羅臼川
湯の沢橋
知床横断道路
湯元橋
羅臼観光の起点
となるバスター
ミナル
♨熊の湯
P.45
P.148
陶灯りの宿
らうす第一ホテル
知床未来中
阿寒バス羅臼営業所
熊越橋
羅臼町役場
相撲をとる小熊
の像などが設置
されている
羅臼漁港
P.62
道の駅 知床・らうす
羅臼本町
羅臼国後展望塔★
根室海峡
羅臼町郷土資料館★
標津
トビウス川
国後島

野趣あふれる羅臼の秘湯

♨相泊温泉

あいどまりおんせん

湯船の底の石の間から温泉が湧き
出ており、晴れた日は国後島も見
える。6〜9月は男女別に簡易小屋
が設置され、それ以外は混浴。

MAP 付録P.3 F-1

☎0153-87-2126(羅臼町産業創生課)
所羅臼町相泊温泉 **時**4月下旬〜9月下旬
(気候により変動あり)の日の出〜一日没
休期間中無休 **料**無料 **交**阿寒バス羅臼
営業所から相泊行きバスで40分、終点下
車、徒歩10分 **P**あり

↑海岸に設置された野趣たっぷりの湯船

♨セセキ温泉

セセキおんせん

海との一体感が楽しめる露天風呂。
岩礁から70℃を超す温泉が湧き、
干潮時のみ姿を現す。晴れた日は
水平線上に国後島が見える。

MAP 付録P.3 F-1

☎0153-87-2126(羅臼町産業創生課)
所羅臼町瀬石 **時**6月下旬〜9月上旬の終
日(気候により変動あり、満潮時は入浴不
可) **休**期間中無休 **料**無料 **交**阿寒バ
ス羅臼営業所から相泊行きバスで35分、
セセキ温泉下車、徒歩10分 **P**あり

↑水着可。干
潮時間を確か
めて入浴を。
温泉までは私
有地のなかを
通過するので、
一声かけてか
ら立ち入りを

熊の湯 ➡P.45

くまのゆ

キャンパーや地元の人で賑わう、原
生林に囲まれた秘湯。源泉が近い
ためかなり高温。女性用は囲いが
あるので安心して入れる。

↑夜には電灯が灯って秘湯ムード倍増

羅臼

55

斜里岳の麓に開けた観光拠点

斜里

しゃり

**半島の付け根に位置する
ウトロ側への交通の起点。
美術館や博物館などの見どころも多い。**

↑農業、漁業、観光で栄え、街の歴史にふれられるスポットも　写真提供：斜里町役場

知床の文化や歴史を知り
雄大な北の大地を体感する

　大正13年(1924)に釧網線が開通して以来、知床の玄関口の役割を果たしてきた街。JR知床斜里駅を中心にホテルや旅館、斜里ブランドの味覚を扱うショップやレストランも集まる。知床の自然や歴史を知ることのできる博物館や美術館もあり、知床観光の前に、ぜひ立ち寄っておきたい。

観光のポイント

天に続く道や宇宙展望台で、北海道のスケールの大きさを体感する

知床博物館、北のアルプ美術館で北海道の自然と人々の営みを知る

交通information

女満別空港から斜里バス女満別空港線で斜里バスターミナルまで1時間20分

知床博物館

しれとこはくぶつかん

MAP 付録P.2 B-1

知床の先史、開拓、現代までの
暮らしと文化、自然を展示

旧石器時代に始まる知床での人々の生活・文化・歴史、そして地質や生物に関する博物館。圧倒的な数の展示物は見応え十分。

☎0152-23-1256 ㊟斜里町本町49-2
㋒9:00～17:00　㋡月曜(4～10月の月曜が祝日の場合は開館し翌日休館、11～3月の月曜が祝日の場合は翌日も休館)　㋓300円
㋟JR知床斜里駅から徒歩20分　Ｐあり

↑小規模ながら充実した展示が見られる

↑民俗資料や膨大な数の剝製や骨などを展示

天に続く道

てんにつづくみち

MAP 付録P.2 C-4

天に昇っていくような
果てしなく続く一本道

ウトロから斜里に向かう国道334号を含む全長28.1kmの直線道路。本当に天に続いているように見える。

☎0152-22-2125(知床斜里町観光協会)　㊟斜里町峰浜　㋒4月初旬～11月下旬　㋡期間以外は通行不可　㋓無料　㋟JR知床斜里駅から車で15分　Ｐあり

→9月下旬～10月上旬には直線道路の先に夕日が沈む

北のアルプ美術館
きたのアルプびじゅつかん
MAP 付録P.2 B-2

山の文芸雑誌『アルプ』の
精神を受け継ぐ美術館

昭和58年（1983）に惜しまれつつ歴史の幕を閉じた山の文芸雑誌『アルプ』。掲載された生原稿や原画など芸術性と文芸性に富んだ誌面を展示している。

☎0152-23-4000 所斜里町朝日町11-2
時10:00～17:00（11～5月は～16:00）
休月・火曜、12月～2月末頃（冬季休館）
料無料 交JR知床斜里駅から徒歩15分 Pあり

哲学者・画家・詩人・作家。多彩な活動をした
串田孫一 くしだまごいち

創刊から25年、300号で終刊した『アルプ』の責任編集者である串田孫一は哲学者、詩人、随筆家など多くの顔を持つ人物で著作も数多い。北のアルプ美術館では、串田の書斎を復元公開している。

↑復元された串田孫一の書斎は、東京都小金井市から移築したもの

↑『アルプ』の全バックナンバーが揃っている

↑冬季は休館なので注意しよう

来運の水
らいうんのみず
MAP 付録P.2 B-4

幸運を呼び込む
知床の隠れた名所

斜里岳から湧き出る水で、その名のとおり「運が来て、願いが叶う」と評判。夏は冷たく、冬も凍らず地元で広く愛飲されている。

☎0152-22-2125（知床斜里町観光協会）
所斜里町来運117 休料見学自由
交JR知床斜里駅から車で15分 Pあり

↑いずみの森 来運公園内に水汲み場がある

町営牧場の丘の上に建つ展望台。周囲に人家が少なく、夜になると真っ暗になり、満天の星が広がることからこの名がついたという。

↑全国農村景観百選にも選ばれている

宇宙展望台
うちゅうてんぼうだい
清里 **MAP** 付録P.7 E-1

☎0152-25-4111（きよさと観光協会）
所清里町江南 料見学自由 休冬季
交JR清里駅から車で15分 Pあり

↑ サーモンや生ホタテ、魚卵、クジラなどのオホーツクのネタが全10貫。知床生寿司2500円

水平線からの贈り物 海鮮料理

豊饒な海の記憶

厳寒の海で育ったサケやマスを、惜しみなく使った料理は、上質な味はもちろん、彩りも美しい、まさに海の恵み。

オホーツクの幸を
最果ての地で味わう

海鮮料理番屋

予約 望ましい
予算 Ⓛ Ⓓ 2000円～

かいせんりょうりばんや

ウトロ **MAP** 付録P.4 C-4

ウトロ漁港から延びる坂道を上った場所にある「番屋」の暖簾が目印の海鮮居酒屋。店主は、知床の海を知り尽くした元漁師なので、厳選された旬の魚介が味わえると評判が高い。

☎ 0152-24-3055
所 斜里町ウトロ香川180　営 11:00～14:00 17:00～22:00
休 不定休　交 ウトロ温泉バスターミナルから徒歩10分
P あり

↑ 夜遅くまで営業している

おすすめメニュー

三色丼 3300円
うに・ほたて丼 3000円

↑ 広々とした座敷席もあり知床の味を堪能できる

⇨ 地元ネタが2種。サーモン・いくら丼3000円

⇨ タラバガニ、ボタンエビなどが豪快にのる。海鮮丼3300円（汁もの付き）

おすすめメニュー
知床産つぶとえびのかき揚げ冷やしかけそば 1200円
知床産さくらますルイベ漬丼 1650円
知床産銀がれい味噌焼き定食 1350円

↑自分で焼いて食べる海鮮炙り焼き3100円〜(要予約)。知床魚貝セットは3300円

しれとこ里味

郷土料理から天ぷらまで
地元でも愛される食事処

しれとこさとみ

斜里 **MAP** 付録P.2A-2

予約	可
予算	Ⓛ880円〜
	Ⓓ4350円〜

昼は斜里岳田舎そばや、各種定食、
丼もの、夜は海鮮炙り焼きや居酒屋
メニューが味わえる、地元の人にも
愛される店。地酒の種類も豊富。店
自慢の知床産つぶのかき揚は単品
のほか、丼やそばでも味わえる。

☎0152-23-2220
⌂斜里町新光町64 🕐10:30〜14:00
16:30〜20:00 🈺無休(月・木曜はランチ
のみ営業) 🚃JR知床斜里駅から車で10分
Ⓟあり

↑店自慢のつぶとえびのかき揚げ冷やしかけそ
ば1200円はボリューム満点

↑彩り豊かな刺身がのったさくらますルイベ漬
丼1650円

↑国道244号沿いの純和風造り・平屋建て

↓脂ののった銀がれい味噌焼き定食1350円
はご飯がすすむ一品

サケ・マス定置網漁が盛んな
ウトロならではの丼を味わう

道の駅 うとろ・シリエトク
レストラン

みちのえき うとろ・シリエトクレストラン

ウトロ **MAP** 付録P.4 B-4

道の駅 うとろ・シリエトク(P.62)内にあるレストラン。知床産時鮭(ときしらず)を使用した新鮮な丼などが揃うほか、ホッケやカレイの定食もおすすめ。

☎0152-22-5170
所斜里町ウトロ西186-8 **営**10:00〜15:30(LO15:00) **休**不定休 **交**ウトロ温泉バスターミナルから徒歩5分 **P**あり

予約	不可
予算	L1000円〜

↑知床の旬の味を提供するレストラン

↑知床産ホッケを氷温乾燥して旨味を凝縮させたホッケ焼膳1500円

↑時鮭、イクラ、ホタテの三色丼2620円(新香、味噌汁付き)

おすすめメニュー

いくら丼 2640円
「麦王」の豚丼 1100円
エゾシカ肉のソースカツ丼 1350円

↑脂ののった時鮭とイクラを盛り合せた贅沢な鮭の親子丼2620円(新香、味噌汁付き)

海鮮から鹿肉、知床地鶏
オリジナルラーメンも

羅臼の海味 知床食堂

らうすのうみあじ しれとこしょくどう

羅臼 **MAP** 付録P.5 E-3

知床羅臼産の黒ハモをはじめ、海鮮丼や知床地鶏、知床ポークを使ったメニューが揃う、道の駅に隣接する「深層館」にある食堂。とろろ昆布を使った塩味の昆布羅〜メンにも注目。

☎0153-87-4460
所羅臼町本町361-1 道の駅 知床・らうす内 **営**8:00〜18:30(LO18:00) **休**不定休 **交**阿寒バス羅臼営業所から釧路行きバスで3分、羅臼本町下車、徒歩1分 **P**あり

↑刺身盛り、煮魚が付く知床前浜定食2000円

↑身が締まっていて、ウナギよりあっさりとした味わいの、羅臼名物の黒ハモを使った黒ハモ丼1300円

おすすめメニュー

三色丼 3600円
昆布羅〜メン 900円
鹿肉丼 1000円

予約	要
予算	L800円〜
	D1000円〜

↑店は道の駅に隣接している

↑晴れた日は国後島も見える

知床 ● 食べる

ランチ1100円
ハンバーグや幕の内弁当など、4品から選べる日替わりのランチはドリンク付き。14:00まで

予約	望ましい
予算	Ⓛ1100円〜 Ⓓ1500円〜

喫茶年輪
きっさねんりん

斜里 **MAP** 付録P.2A-2

暖炉のある喫茶店で
ゆっくり味わう地元の旬

地元の食材を使い、心のこもった和洋折衷料理が味わえる店。天然温泉（日帰り入浴500円）が自慢のペンション「しれとこくらぶ」1階の店内は、暖炉がある山小屋風。

☎0152-23-1844
所斜里町文光41-1 ペンションしれとこくらぶ1F 営12:00〜20:00 休不定休
交JR知床斜里駅から徒歩7分 Pあり

↑店内中央には暖炉がある

↑白樺の木に囲まれた宿

↑サチク麦王を使ったしょうが焼きピラフ1100円

↺オリジナル焙煎の、はなやか500円

↺ペンション内の喫茶店

地元素材を使った洋食店の看板メニュー
店主の創意を食す

滋味あふれる素材の旨みと料理人の技術とセンス。普段食べ慣れた洋食もここでしか味わえない独自の世界を見せる。

ボンズホーム

予約	不可
予算	Ⓛ800円〜

ウトロ **MAP** 付録P.4B-4

甘い越冬メークインを使った
こだわりの料理が自慢

秋に収穫したメークインを低温貯蔵し、越冬・熟成させた甘みの強いジャガイモ「知床栗じゃが芋」を使ったランチメニューが自慢の民宿カフェ。じゃが芋バターは500円。

☎0152-24-2271
所斜里町ウトロ東217
営11:30〜16:30（早く閉店する場合あり）
休不定休 交ウトロ温泉バスターミナルから徒歩1分 Pあり（公共駐車場利用）

↺ジャガイモの地方発送も行っている

↺約半年かけてひとつひとつ手作りした、熊よけ鈴800〜1950円。つくりも音もさまざま

↑知床栗じゃが芋でとろみをつけた7日間煮込んだカレー1100円

↑知床栗じゃが芋のプリン580円

↑木を基調とし、ぬくもりがある

知床栗じゃが芋のよくばりグラタン1050円
こだわりのホワイトソースも自慢。知床栗じゃが芋のグラタン850円も用意

SHOPPING
買う

本場のグルメをお持ち帰り

北国育ちの名産品

干物をはじめとした魚介の加工品のほか、スイーツや缶詰まで。おみやげにぴったりの逸品が、幅広いラインナップで揃う。

特産品のサケやスイーツがずらり
道の駅 うとろ・シリエトク
みちのえきうとろ・シリエトク

売店「ユートピア知床」には、サケの加工品や、道の駅オリジナル商品、スイーツや酒など、「ごっこや」には季節の鮮魚や魚介の加工品などが揃う。

ウトロ MAP 付録P.4 B-4

☎0152-22-5000 所斜里町ウトロ西186-8 営9:00～17:00 ※季節により変動あり、売店は店舗により異なる 休無休(ごっこやは1～4月水曜) 交ウトロ温泉バスターミナルから徒歩5分 Pあり

生どら焼
道産小麦と卵を使ったどら焼。自家製ジャム使用各361円(ユートピア知床)

鹿ジャーキー
頭数調整のため駆除されたエゾシカの肉を独自製法で仕上げた594円(ユートピア知床)

厳選汐うに甘塩
漁師秘伝の塩加減で漬け込んだウトロ産バフンウニの瓶詰2790円(ごっこや)

知床●買う

羅臼こんぶ煎餅
羅臼昆布の味をそのままにパリッと仕上げた自慢のせんべい702円(3枚入り×9袋)

鮭節昆布醤油
羅臼産秋鮭を使った魚醤。羅臼昆布エキス入り432円

トド肉大和煮
海獣トドの肉を臭みを感じさせない味付けに890円

羅臼昆布だし
羅臼昆布のエキスを抽出した和風だし。120㎖(864円)もあり1404円(300㎖)

羅臼の海産物が豊富
道の駅 知床・らうす
みちのえきしれとこ・らうす

道の駅の売店には、羅臼漁協の直営店や、地元の商店が入っており羅臼沖で水揚げされた海産物や加工品が多く揃っている。

羅臼 MAP 付録P.5 E-3

☎0153-87-5151 所羅臼町本町361-1 営9:00～17:00 11～3月10:00～16:00 ※売店・レストランは店舗により異なる 休無休 交阿寒バス羅臼営業所から釧路行きバスで3分、羅臼本町下車、徒歩1分 Pあり

オホーツクの海と自然が店内に
斜里工房しれとこ屋
しゃりこうぼうしれとこや

生鮮食品や酒、知床斜里ブランド品や、サチク赤豚や知床牛、各種みやげ物をテナント販売。食の安心・安全を追求した「知床の味」が買える。

斜里 MAP 付録P.2 B-1

☎0152-22-2111 所斜里町港町1 営9:00(冬期9:30)～19:00 休無休 交JR知床斜里駅から徒歩3分 Pあり

鮭とば
食塩のみを使う、昔ながらの製法で作ったとば1450円

鮭の旨煮
知床の天然鮭を使用した旨煮350円

サーモンチップ
食べやすくカットされたサケチップは旅のお供に最適400円

鮭親子漬
サケのルイベとイクラを漬け込んだ1860円

釧路・釧路湿原

湿潤な風が
そよぐ
果てしない
水の大地

見渡す限り大自然が広がる釧路湿原は、
多様な野生動物や植物が共存する
生命の宝庫。湿原と太平洋に囲まれた
釧路市街は道東の拠点として栄え、
幻想的な霧の街としても有名だ。

旅のきほん

エリアと観光のポイント

釧路・釧路湿原はこんなところです

見渡す限り緑が広がる釧路湿原は、多様な野生動物や植物が共存する生命の宝庫。
太平洋沿いの釧路市街は道東の拠点として栄え、幻想的な霧の街としても有名だ。

**はるか昔の姿をとどめる湿原と
道東最大の美しい都市が隣接する**

　太平洋に面した釧路市は、水産業が盛んな道東最大の都市。しばしば濃霧に包まれる霧の街としても知られる。背後には国立公園に指定された釧路湿原が広がり、特別天然記念物のタンチョウをはじめ希少な動植物が数多く生息。数カ所に設けられた展望台や遊歩道のほか、観光列車からも雄大な自然を一望できる。

釧路・釧路湿原 ●

貴重な自然が残る日本最大の湿原

釧路湿原
くしろしつげん

約2万haの面積を誇る日本最大の湿原。遊歩道を散策しながら、雄大な自然を体感できる。カヌーなどのアクティビティも人気。

観光のポイント 釧路市湿原展望台 P.66/P.82　細岡展望台 P.68
コッタロ湿原展望台 P.69

道東の中核都市として発展

釧路
くしろ

道東の経済や観光の中心都市で、国内有数の水揚げ量を誇る漁業の街。史跡や博物館などの見どころが多く、夜霧や夕景も美しい。

観光のポイント 幣舞橋 P.80　釧路市立博物館 P.80/P.82
釧路フィッシャーマンズワーフMOO P.83/P.90

鶴居村

★ 釧路湿原美術館
★ 阿寒国際ツルセンターグルス

釧路市

2024年度開通予定
釧路市動物園 ★

道東自動車道
阿寒
ウエンベツ川

帯広JCT

釧路湿原
野生生物保護センター

★ 釧路市丹頂鶴自然公園

たんちょう釧路空港 ✈

白糠町

西庶路駅
庶路駅

帯広駅 ↔
白糠駅

大楽毛駅
新大楽毛駅

太平洋

64

オホーツク海

紋別

網走

知床半島

国後島

屈斜路湖

摩周湖

阿寒湖

根室

下図

釧路

274

274

391

釧網本線

鶴居・伊藤
タンチョウサンクチュアリ ☆

鶴居
どさんこ牧場 ☆

コッタロ湿原展望台 ☆

☆ 鶴見台

コッタロ川

茅沼駅

サルルン展望台 ☆

シラルトロ沼

塘路駅

塘路湖

標茶町

釧路湿原

細岡駅

釧路湿原駅

達古武湖

☆ 細岡展望台

▲ 岩保木山

釧路川

☆ 釧路市湿原展望台

27km

16km

釧路外環状道路

釧路西

遠矢駅

釧網本線

釧路町

根室駅

新釧路川

釧路中央

釧路東

391

釧路別保

根室本線

上尾幌駅

厚岸町

釧路駅

釧路

釧路港

新富士駅

東釧路駅

武佐駅

別保川

別保駅

44

272

☆ 釧路市立博物館

交通information

釧路の移動手段

JR釧網本線は、網走駅から知床斜里駅
や摩周駅を経由して釧路駅までを結ぶ。
釧路湿原東部を巡るのに便利な路線で、
くしろ湿原ノロッコ号(P.71)など観光列
車も走る。また細岡展望台の最寄り駅に
あたる釧路湿原駅は冬季は一部の列車の
み停車。湿原の西部へは釧路駅から阿寒
バスを利用する。釧路市中心部の多くの
観光スポットは駅から徒歩で行けるが、
必要に応じて、たくぼく循環線などの路
線バスを組み合わせてもよい。

周辺エリアとのアクセス

鉄道・バス

北見駅

↓

網走駅	知床斜里駅	摩周駅
JR釧網本線で3時間	JR釧網本線で2時間	JR釧網本線で50分

塘路駅

高速バス「サンライズ号」で3時間	JR釧網本線で30分	阿寒湖 阿寒バスで2時間

釧路駅

↑ 阿寒バスで40分

釧路市湿原展望台

車

北見駅

↓

網走駅	知床斜里駅	摩周駅
国道244・391号経由123km	国道391号経由106km	国道391号経由47km

塘路駅

道道27号、国道240号経由140km	国道391号経由27km	阿寒湖 国道240号経由72km

釧路駅

↑ 道道53号経由16km

釧路市湿原展望台

問い合わせ先

観光案内
釧路観光コンベンション協会
☎0154-31-1993
標茶町役場観光商工課 観光振興係
☎015-485-2111
細岡ビジターズラウンジ
☎0154-40-4455
鶴居村役場産業振興課 ☎0154-64-2114
交通
JR北海道電話案内センター
☎011-222-7111
北海道北見バス 北見営業所
☎0570-007788
阿寒バス ☎0154-37-2221

釧路・釧路湿原はこんなところです

展望スポットで湿原のスケールを体感
緑と水の大地を望む

釧路湿原展望スポット

動植物の貴重な生息地となっている
総面積2万haにおよぶ釧路湿原。
周囲に設置された展望台から
日本最大の湿原の眺望を楽しみたい。

釧路・釧路湿原・遊ぶ

釧路市湿原展望台

くしろししつげんてんぼうだい

釧路湿原西部 **MAP** 付録 P.11 E-3

湿原の歴史と四季の姿を

毛綱毅曠がデザインを手がけた展望台。1階にはミュージアムショップやレストハウス、2階は大型モニターなどを使った展示スペースになっており、釧路湿原の過去と現在を学ぶことができる。

☎0154-56-2424 所釧路市北斗6-11
時8:30〜18:00 10〜3月9:00〜17:00
休無休 料展望台入場料480円 交JR釧路駅から阿寒バス・鶴居方面行きで40分、湿原展望台下車、徒歩1分 Pあり

↑外観は古風な西欧の城を連想させる

↑タンチョウの一生を表した展示物

↑ミュージアムショップではオリジナルグッズも

グルメをチェック

↑牡蠣ラーメン1300円は、プリプリのカキの食感がたまらない

↑地元食材を使った料理は、1階のカフェ「憩っと」で楽しめる

ここでしか出会えないスケールの大自然が一望できる 四季により違った表情を見せる

散策路を歩き湿原を間近で観賞

7カ所の広場とサテライト展望台がある遊歩道は、一周にかかる所要時間は1時間ほど。

🔼 案内看板などが整備され、快適に散策できる

🔼 歩き疲れたら7カ所ある広場で休憩しよう

🔼 遊歩道内には階段のほか吊り橋もある

あおさぎ広場

丹頂広場

350m

400m

サテライト展望台

100m

300m

ひだまり広場

200m

こもれびの階段

はばたき広場

こもれび広場

いざない広場

700m

350m

ふれあい広場

鶴居 ←

★ 釧路市湿原展望台

N

湿原展望台

釧路駅 →

↑茜色に染まる釧路湿原の幻想的な夕景が見られる

細岡展望台

ほそおかてんぼうだい
釧路湿原東部 **MAP** 付録P.11 F-3

壮大なパノラマが眼前に迫る

釧路湿原の東側に位置し、随一のビ
ュースポットとして知られる展望台。
遠く阿寒山系や、眼下にはゆるやか
にうねる釧路川の景観を望む。特に
夕暮れの絶景は見逃せない。

☎0154-40-4455（細岡ビジターズラウンジ）
所釧路町達古武 開休料見学自由 交JR釧
路湿原駅から徒歩10分 Pあり

↑小高い丘の上から、釧路湿原の全景を眺める

展望台付近の立ち寄りスポット

湿原の風景や花々
の写真が飾られた
館内で軽食や喫茶
が楽しめる。湿原
の展望を楽しんで
から立ち寄りたい。

→ぶどうのソ
フトクリーム
400円

細岡ビジターズラウンジ

釧路湿原東部 **MAP** 付録P.11 F-3

☎0154-40-4455 所釧路町達古武
22-9 開4～9月9:00～18:00 10～3月
10:00～16:00 休無休 Pあり

コッタロ湿原展望台

コッタロしつげんてんぼうだい

釧路湿原北部 **MAP** 付録P.11 F-2

太古の自然の姿を残す湿原

釧路湿原のなかで特に原生の姿を残し、特別保護地区に指定されているコッタロ湿原の景色が眺められる。コッタロ川の流れや無数の沼が点在する、神秘的な景色が広がる。

☎015-486-7872(標茶町バスターミナル観光案内所) 所標茶町コッタロ 開休料見学自由 交JR釧路駅から車で1時間/JR標茶駅から車で40分 Pあり

↑コッタロ湿原展望台は原生の姿をとどめているコッタロ湿原を展望できる場所

サルルン展望台

サルルンてんぼうだい

釧路湿原東部 **MAP** 付録P.11 F-3

美しい湖沼を眼下に眺める

サルルン沼の北側にあり、サルボ展望台からは歩いて15分ほど。雨天時は滑りやすいので、足元に注意。

☎015-486-7872(標茶町バスターミナル観光案内所) 所標茶町塘路 開休料見学自由 交JR釧路駅から車で1時間5分 Pあり

↻ 散策路を上り切ると、眼前に湿原と湖沼の雄大な景観が広がっている

サルボ展望台

サルボてんぼうだい

釧路湿原東部 **MAP** 付録P.11 F-3

ノロッコ号の人気撮影スポット

サルボとは、アイヌ語で「小さい湿原」の意味。塘路湖の北側にあり、周辺の湖沼などを見ることができる。

↻ 塘路湖と周辺の沼の間を縫うように走るくしろ湿原ノロッコ号(P.71)を見ることができ、鉄道ファンの撮影スポットとしても人気

☎015-486-7872(標茶町バスターミナル観光案内所) 所標茶町塘路 開休料見学自由 交JR釧路駅から車で50分 Pあり

釧路湿原展望スポット

釧路湿原周辺の立ち寄りスポット

釧路湿原美術館

くしろしつげんびじゅつかん

「湿原の画家」と呼ばれた、釧路生まれの画家・佐々木榮松氏の作品を保存・展示する美術館。佐々木氏にゆかりの書籍やオリジナルグッズなども販売している。

釧路湿原西部 **MAP** 付録P.11 D-3

☎0154-66-1117 所釧路市阿寒町上阿寒23-38 開10:00〜16:00(入館は〜15:30) 休5月20日〜10月31日の火〜木曜、11月1日〜5月19日の月〜木曜、年末年始 料1000円 交JR釧路駅から車で50分 Pあり

↻油絵の常設展のほか、イトウ魚拓展示など

釧路湿原野生生物保護センター

くしろしつげんやせいせいぶつごセンター

シマフクロウ、オジロワシ、オオワシ、タンチョウなど北海道に生息する希少鳥類の保護、治療、放鳥などを行う。展示室ではセンターとしての保護の取り組みや生態情報などを紹介している。

釧路湿原西部 **MAP** 付録P.11 E-3

☎0154-56-2345 所釧路市北斗2-2101 交JR釧路駅から車で30分 開9:30〜16:30(11〜3月は〜16:00) 休水曜 料無料 Pあり

↻野生復帰できない個体の観察もできる

史跡北斗遺跡展示館

しせきほくといせきてんじかん

北斗遺跡は釧路湿原に面した旧石器時代からアイヌ時代までの遺跡。入館無料の展示館では、実際の出土品や復元住居、遺構の全体模型なども見られる。

釧路湿原西部 **MAP** 付録P.11 E-3

☎0154-56-2677 所釧路市北斗6-7 開10:00〜16:00 休月曜(祝日の場合は翌日)、11月16日〜4月15日 料無料 交JR釧路駅から車で30分 Pあり

↻屋外に復元された擦文(P106)のムラ(展示館から徒歩10分ほど)

車窓に広がる美しい風景のなかへ
大湿原を縦断する
観光列車の旅

釧路川に沿って湿原をゆっくりと走るノロッコ号。
見渡す限り広がる社大なパノラマに導かれる
緑あふれる春夏の景色は圧巻。秋冬の景色も美しい。

列車に乗って
釧路〜塘路駅を走る
ノロッコ号の
走行ルート

釧路駅（くしろえき）

ノロッコ号の起点となる駅。道東観光の玄関口として賑わう。ノロッコ号は3番ホームから発車。

岩保木水門（いわぼっきすいもん）

釧路川に設けられた水門。釧路湿原の風景に似合う歴史的建造物で、夕景スポットとしても有名。

釧路湿原駅（くしろしつげんえき）

釧路湿原の中にある無人駅。徒歩15分ほどの場所に、釧路湿原を一望できる細岡展望台（P.68）がある。

塘路駅（とうろえき）

ノロッコ号の終点となる小さな無人駅。駅舎内のカフェでひと休みできる。近くには塘路湖がある。

⬆指定席の展望客車は、ボックスシートとベンチシートの2種類（左）。開放的な車窓から、野生動物や多種多様な植物たちと出会える（中）。湿原を走り抜けるノロッコ号（右）

くしろ湿原ノロッコ号

くしろしつげんノロッコごう

釧路 **MAP** 付録P.13 E-1

列車に揺られて雄大な自然を体感

JR釧網本線の釧路駅と塘路駅の間を、春から秋にかけて運行する観光列車。のんびり走る車両の窓から、広大な釧路湿原の風景を満喫できる。ビューポイントでは減速運転のサービスも。
☎011-222-7111（JR北海道電話案内センター）
所釧路市大通14-5（JR釧路駅） 期4月下旬～10月（運転日は要確認） 料釧路駅～塘路駅間640円、指定席券別途840円 Pなし

〔地図〕
標茶駅
釧網本線
釧路湖
塘路湖
P.69サルルン展望台★
塘路駅
達古武湖
細岡駅
釧路湿原
釧路湿原駅
★細岡
ビジターズ
ラウンジP.68
岩保木山
★くしろ湿原
ノロッコ号
岩保木水門
遠矢駅
釧路外環状道路
新富士駅
東釧路駅
釧路駅
別保駅
根室本線
釧路川
釧路港
武佐駅
根室本線

おみやげ&グルメをチェック

⬆地元フレンチレストランで作った牛乳プリン。風味豊かでなめらかな口当たり（写真はイメージ）

⬆アクリルスタンドやクリアファイル、ステッカーなどノロッコ号車内でしか買えないオリジナルグッズも（写真はアクリルスタンドのイメージ）

厳冬の湿原の眺めを楽しむ

SL冬の湿原号

エスエルふゆのしつげんごう

冬のJR釧路駅～標茶駅をSL観光列車が疾走。車内にはダルマストーブが置かれ、懐かしい雰囲気。車窓からタンチョウの姿が見られることもある。

釧路 **MAP** 付録P.13 E-1

☎011-222-7111（JR北海道電話案内センター）
所釧路市大通14-5（JR釧路駅） 期運転日要確認
料釧路駅～標茶駅間1290円、指定席券別途1680円（全車指定席） Pなし

⬆煙を上げながら白銀の世界を進んでいく

湿原でアクティビティに挑戦
釧路の大自然と遊ぶ

カヌーや乗馬などで
壮大な自然と一体になって、
新しい釧路湿原の魅力を
発見したい。

主なアクティビティ

ネイチャーカヌーレギュラーコース
料 1万6000円〜　催行 4〜11月
所要 3時間　予約 要　参加条件 12歳以上

ネイチャーウォッチング
湿原を渡る風を感じる釧路湿原の休日
料 4万5000円〜（4名まで）　催行 3〜12月
所要 6時間　予約 要　参加条件 なし

↑カナディアンカヌーに乗って、釧路湿原国立公園の中を動植物を観察しながら、のんびり巡る

↑ヤチボウズなどの植物も観察できる

塘路ネイチャーセンター
とうろネイチャーセンター
釧路湿原東部 MAP 付録P.11 F-3

ガイドツアーで湿原を散策
カヌーやトレッキングなどで釧路
の自然が満喫できる。ていねい
なガイドが好評。ツアーの種類
も豊富で、目的に合わせて選べ
るのがうれしい。タンチョウ観察
エコツアーもある。

↑オリジナルでコースを組
むこともできる。好みのポ
イントから釧路の自然を眺
めたい

☎015-487-3100
所 標茶町塘路北7-86-17
営 8:00〜17:00　休 無休
交 JR釧路駅から車で45分
P あり

↑草原や林をト
レッキングする
↑のんびりし
た時間が流れ
る牧場

主なアクティビティ

馬旅 半日コース
料 9100円　催行 9:00〜11:00、12:00
〜14:00、4〜9月は15:00〜17:00も
あり　所要 2時間　予約 要
参加条件 10〜65歳、体重90kg以下

↑四季折々の風景を楽しみながら、馬の歩みを進める。
乗馬初心者でも気軽に参加できる

鶴居どさんこ牧場
つるいどさんこぼくじょう
釧路湿原北部 MAP 付録P.11 E-2

どさんこと巡る釧路湿原
北海道産の馬、「どさんこ」にま
たがって釧路湿原国立公園内の
トレッキングが楽しめる。初心者
向けの引き馬から、1日コースま
でレベルによって選べる。カフェ
や宿泊施設も併設。

☎0154-64-2931
所 鶴居村久著呂71-1
営 9:00〜16:00、カフェ11:00〜
16:00　休 無休　交 JR釧路駅から車
で50分　P あり

雪原の貴婦人が見られるスポットへ

湿原のシンボル タンチョウ に会う

湿原の神と呼ばれ、特別天然記念物に指定されたタンチョウの姿が楽しめるさまざまな施設を紹介。

阿寒国際ツルセンター グルス
あかんこくさいツルセンター グルス

人工給餌発祥の地

タンチョウの保護と、生態や行動の研究を行う施設。冬には野生のタンチョウが飛来する。

釧路湿原西部 **MAP** 付録P.11 D-3
☎0154-66-4011 所釧路市阿寒町上阿寒23-40
営9:00～17:00 休無休 料480円(分館と共通) 交JR釧路駅から車で50分 Pあり

釧路市動物園
くしろしどうぶつえん

北海道らしい動物を飼育

タンチョウのほか、シマフクロウやホッキョクグマなど50種近い動物を飼育。つがいのタンチョウに会える。

釧路湿原西部 **MAP** 付録P.11 D-3
☎0154-56-2121 所釧路市阿寒町下仁々志別11 営9:30～16:30 10月15日～4月9日10:00～15:30 休無休(12～2月は水曜、祝日の場合は開園) 料580円 交JR釧路駅から車で30分 Pあり

鶴見台
つるみだい

自然のままの美しい姿を見る

11～3月の間、タンチョウが飛来する給餌場。野生のタンチョウの群れを観察することができるスポット。

釧路湿原北部 **MAP** 付録P.11 E-2
☎0154-64-2050(鶴居村教育委員会) 所鶴居村下雪裡
営休料見学自由(給餌は午前・午後の2回。時間・回数は不定) 交JR釧路駅から車で40分 Pあり

釧路市丹頂鶴自然公園
くしろしたんちょうづるしぜんこうえん

タンチョウを自然の状態で見学

タンチョウの保護と繁殖を目的とした施設。タンチョウの姿はもちろん、人工ふ化に関する展示も見られる。

釧路湿原西部 **MAP** 付録P.11 D-3
☎0154-56-2219 所釧路市鶴丘112
営9:00～18:00(10月15日～4月9日は～16:00) 休無休 料480円 交JR釧路駅から車で40分 Pあり

鶴居・伊藤タンチョウサンクチュアリ
つるい・いとうタンチョウサンクチュアリ

タンチョウの保護の活動拠点

ネイチャーセンターではレンジャーの解説を聞きながら観察ができる。12～3月に給餌を行っている。

写真提供：日本野鳥の会

釧路湿原北部 **MAP** 付録P.11 E-2
☎0154-64-2620 所鶴居村中雪裡南 営9:00～16:00(給餌は9:00頃と14:00頃の1日2回) 休火～木曜(祝日の場合は開館)、4～9月 料無料 交JR釧路駅から車で50分 Pあり

タンチョウが見られるカフェ

丹頂が見える店 どれみふぁ空
たんちょうがみえるみせ どれみふぁそら

地産野菜を使った料理や、摘みたてのハーブティーが楽しめる。窓からタンチョウや野生動物の姿を眺めながら食事を楽しめる。

釧路湿原北部 **MAP** 付録P.11 E-2
☎0154-64-3987 所鶴居村鶴見台
営8:30～17:00 休火曜、第3水曜(2月は無休) 交JR釧路駅から車で40分 Pあり

幻想的な湿原の世界を眺め
一路快走

大パノラマの
海沿いを走る

道東の大自然が描く絶景を背景に、海岸線を走る。
雄大な湿原や岸壁、美しい野生動物たちが待っている。

1 霧多布湿原
きりたっぷしつげん
MAP 付録P.14 C-4

水鳥が棲まう花の湿原

総面積約3168万㎡の湿地は、ラムサール条約に登録された水鳥の楽園。6月末頃からは多種の花々が咲き継ぐ。

↑高山植物や湿性植物など300種以上の植物が自生する

☎0153-65-2779
〔霧多布湿原センター〕
㊟浜中町四番沢20
🚌JR釧路駅から約74km
Ｐあり

↑断崖が続く海岸線の斜面を、自生の花々が優雅に彩る

2 霧多布岬
きりたっぷみさき
MAP 付録P.14 C-4

太平洋に突き出す断崖絶壁

赤と白の湯沸岬灯台の先、岬の突端まで遊歩道が設置されている。また、ラッコが見られることもあるという。

☎0153-62-2239(浜中町商工観光課観光係)
㊟浜中町湯沸 🚌JR釧路駅から約83km
Ｐあり

3 納沙布岬
のさっぷみさき
MAP 付録P.15 F-2

最果ての岬から絶景を望む

北緯43度23分、東経145度49分に位置する北海道最東端の岬。晴れた日には水平線上に並ぶ北方領土が眺められる。

☎0153-24-3104(根室市観光協会)
㊟根室市納沙布 🚌JR釧路駅から約146km
Ｐあり

↑望郷の岬公園に立つモニュメント、四島(しま)の架け橋

立ち寄りスポット

霧多布湿原センター
きりたっぷしつげんセンター

霧多布湿原に関する情報の提供や、浜中町の産業を紹介する展示などがある。カフェも併設。

浜中 MAP 付録P.14 C-4

☎0153-65-2779 ㊟浜中町四番沢20
⌚9:00～17:00 ㊡10～4月の火曜、1月2～31日(冬期休館) 💴無料 🚌JR釧路駅から車で約74km Ｐあり

↑霧多布湿原を望む高台の上にたたずむ

明治5年(1872)に建てられた、道内最古の灯台がそびえる

釧路・釧路湿原●遊ぶ

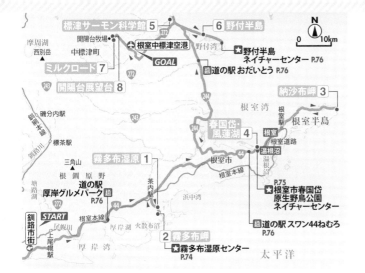

標津サーモン科学館 ⑤
開陽台牧場 ★根室中標津空港
中標津町 **GOAL**
摩周湖 ミルクロード ⑦
西別岳 ⑥ 野付半島
★野付半島 ネイチャーセンター P.76
開陽台展望台 ⑧ 道の駅 おだいとう P.76

N
0 10km

納沙布岬 ③
根室湾 根室駅
根室半島 根室道路
春国岱・風蓮湖 ④ 温根沼
根室市 根釧原野
三角山 茶内駅 根室本線 根室
道の駅 厚岸グルメパーク P.76 P.75
霧多布湿原 ① 根室市春国岱原生野鳥公園ネイチャーセンター
磯分内駅
標茶駅 釧路川
釧網本線 START 根室本線
道の駅 スワン44ねむろ P.76
塘路湖 釧路市街
上尾幌駅 厚岸湖 火散布沼
② 霧多布岬
厚岸湾 ★霧多布湿原センター P.74
浜中湾 太平洋

標津サーモン科学館
しべつサーモンかがくかん
MAP 付録P.14 C-1

サケの町・標津の個性派水族館

サケ科魚類30種類以上を展示する水族館。季節ごとのサケの展示やチョウザメの「指パク」体験にもチャレンジ。

◆9〜10月にはサケの遡上を展示

☎0153-82-1141　所標津町北1条西6-1-1-1　営2〜11月の9:30〜最終入館16:30　休期間中水曜(2〜4・11月は祝日の場合は翌日休、5〜10月は無休)　料650円　交JR釧路駅から約112km　Pあり

P.76に続く ➡

春国岱・風蓮湖
しゅんくにたい・ふうれんこ
MAP 付録P.15 D-3

野鳥の観察スポットとして人気

根室半島の付け根に位置し、オオハクチョウの飛来で有名な風蓮湖。この風蓮湖と根室湾を隔てる長さ8kmにもおよぶ砂州が春国岱だ。
☎0153-25-3047(根室市春国岱原生野鳥公園ネイチャーセンター)　所根室市春国岱　交JR釧路駅から約110km　Pあり

◆野鳥のほか、エゾシカなどにも出会える

◆周囲96kmの風蓮湖。ラムサール条約湿地に登録されている
◆自然観察路から手つかずの大自然を眺める

立ち寄りスポット

根室市春国岱原生野鳥公園ネイチャーセンター
ねむろししゅんくにたいげんせいやちょうこうえんネイチャーセンター

春国岱の自然環境保全と環境教育の拠点。専門職員が常駐し、野鳥観察などのアドバイスをくれる。

根室 **MAP** 付録P.15 D-3

☎0153-25-3047　所根室市東梅103　営9:00〜17:00(10〜3月は〜16:30)　休水曜、祝日の翌日(水曜が祝日の場合は翌々日)　料無料　交JR釧路駅から約110km　Pあり

◆春国岱の入口にある散策の拠点

移動時間◆約7時間

おすすめドライブルート

湿原や断崖の岬を越えて北海道最東端を目指す。春国岱に飛来する冬鳥や、標津のサケなどの生態観察も楽しい。クチバシ形の野付半島の景観を楽しんだら、ミルクロードの直線をのどかな開陽台展望台へと走る。長距離のため根室などで宿泊するのもよい。

釧路市街
くしろしがい

⬇ 国道44号経由　約75km・1時間26分

1 霧多布湿原
きりたっぷしつげん

⬇ 道道1039号経由　約8km・12分

2 霧多布岬
きりたっぷみさき

⬇ 国道44号・道道35号経由　約90km・1時間39分

3 納沙布岬
のさっぷみさき

⬇ 道道35号・国道44号経由　約35km・43分

4 春国岱・風蓮湖
しゅんくにたい・ふうれんこ

⬇ 国道44号・国道224号経由　約81km・1時間27分

5 標津サーモン科学館
しべつサーモンかがくかん

⬇ 道道950号経由　約17km・28分

6 野付半島
のつけはんとう

⬇ 道道950号・国道272号経由　約45km・46分

7 ミルクロード

⬇ 約1.6km・3分

8 開陽台展望台
かいようだいてんぼうだい

⬇ 道道150号経由　約11km・13分

根室中標津空港
ねむろなかしべつくうこう

北海道最東端ドライブ

75

⑥ 野付半島
のつけはんとう

MAP 付録P.15 D-1

26km続く細長い半島

根室海峡にクチバシのような形で突き出す半島。海水の浸食で立ち枯れたトドワラやナラワラの景観が有名。

☎0153-82-1270（野付半島ネイチャーセンター）　所別海町野付　交JR釧路駅から約124km　Pあり

↑ナラの木が立ち枯れたナラワラ。独特の景色が眼前に広がる

⑦ ミルクロード

MAP 付録P.14 B-1

地平線の向こうへと続く道

牧場と牧場の間を一直線に走り抜ける北19号道路。北海道らしい景観は、人気の撮影スポット。

☎0153-73-4787（中標津町観光案内所）　所中標津町開陽　交JR釧路駅から約101km　Pなし（二輪用展望駐輪帯あり）

↑なだらかなアップダウンが続く道

⑧ 開陽台展望台
かいようだいてんぼうだい

MAP 付録P.14 B-1

330度の大パノラマに感動

標高270mの台地の上に建つ展望台。晴れた日は遠く北方領土・国後島まで一望できる。1階には軽食が楽しめるカフェも。

☎0153-73-4787（中標津町観光案内所）　所中標津町俣落2256-17　料展望台は入場自由、カフェ4～9月10:00～17:00（10月は～16:00）　休期間中無休（展望室・カフェは火曜）　料無料　交JR釧路駅から約102km　Pあり

↑延々と続く地平線に、地球の丸さと大きさを実感する

立ち寄りスポット

野付半島ネイチャーセンター
のつけはんとうネイチャーセンター

野付半島の自然や歴史に関する情報を提供する施設。限定グッズなども販売する。

別海 **MAP** 付録P.15 D-1

☎0153-82-1270　所別海町野付63　営9:00～17:00（10～3月は～16:00）　休無休　料無料　交JR釧路駅から約127km　Pあり

↑野付湾に面して建っている

↑東京ドーム約100個分の広大な牧場が隣接する

縦書き：釧路・釧路湿原●遊ぶ

道の駅でひと休み

道の駅 厚岸グルメパーク
みちのえき あっけしグルメパーク

厚岸の名産・カキをはじめ海の幸が堪能できる道の駅。魚介市場で購入したものを炭火焼きコーナーで食べられる。

厚岸 **MAP** 付録P.14 B-4

☎0153-52-4139　所厚岸町住の江2-2　営9:00～20:00月～12月10:00～19:00　1～3月10:00～18:00　休月曜（祝日の場合は翌日）　交JR釧路駅から約47km　Pあり

↑オリジナル商品も豊富に並ぶ販売コーナー

道の駅 スワン44ねむろ
みちのえき スワンよんじゅうよんねむろ

国道44号沿いにあり、隣接する風蓮湖を望むレストランが人気。ショップでは根室の特産品などを販売している。

根室 **MAP** 付録P.15 D-3

☎0153-25-3055　所根室市酪陽1　営9:00～17:00 11～3月10:00～16:00　休月曜（祝日の場合は翌日）　交JR釧路駅から約107km　Pあり

↑風蓮湖を一望する展望台が設置されている

道の駅 おだいとう
みちのえき おだいとう

1階のレストランでは別海のホタテを使った料理が楽しめる。2階に資料館、3階には展望スペースと見どころも多い。

別海 **MAP** 付録P.14 C-2

☎0153-86-2449　所別海町尾岱沼5-27　営9:00～17:00（11～4月は～16:00）　休火曜（7・8月は無休）　交JR釧路駅から約114km　Pあり

↑館内には、絶景を眺めながら食事ができるレストランもある

ドライブ途中に立ち寄りたい地元で人気の食事処
道東グルメに舌鼓

厚岸のカキや、根室のエスカロップ、新鮮魚介の寿司など、ご当地グルメでドライブがもっと楽しくなる。

お手ごろ価格でカキを堪能
厚岸味覚ターミナル・コンキリエ
あっけしみかくターミナル・コンキリエ
厚岸 **MAP** 付録P.14 B-4

厚岸の特産品であるカキを中心に水産物や乳製品を販売する総合施設。人気の元祖バケツ牡蠣は、厚岸産のカキ10個をバケツに入れ酒蒸しにする豪快さ。

☎0153-52-4139
所厚岸町住の江2-2
🕐9:00〜20:00(店舗・時期により異なる)
休月曜(祝日の場合は翌日、7・8月は無休)
交JR厚岸駅から徒歩8分 Ｐあり

1. 元祖バケツ牡蠣1500円はプリプリのカキを贅沢に味わえる
2. 2階にある魚介市場でアサリやサンマなども販売
3. 焼きガキが楽しめるバーベキューコーナー
4. 施設内にあるレストラン
5. 建物はカキの形をイメージしたつくりになっている

本物のエスカロップを味わう
どりあん
根室 **MAP** 付録P.15 F-4

昭和44年(1969)創業で、長く市民に愛されている店。根室名物エスカロップは、創業以来継ぎ足し続けてきたデミグラスソースが絶品。牛肉を使ったオリエンタルライスもぜひ。

☎0153-24-3403
所根室市常磐町2-9 🕐10:00〜20:00
(LO19:30) 休火曜
交JR根室駅から徒歩9分 Ｐあり

1. デミグラスソースがたまらない一番人気のエスカロップ980円
2. オリエンタルライス1150円
3. 緑と白を基調とした外観
4. 地元っ子にも大人気だ

鮮度にこだわり王道を
根室花まる 根室本店
ねむろはなまる ねむろほんてん
根室 **MAP** 付録P.15 E-4

根室発祥で、東京や札幌にも支店を持つ人気回転寿司店。鮮度にこだわり、活気あふれる雰囲気のなかで食事を楽しめる。創業当時からこだわる真だちは甘みが増す冬がオススメ。

☎0153-24-1444
所根室市花園町9-35 🕐11:00〜21:00
休不定休 交JR根室駅から徒歩10分
Ｐあり

1. 広々とした店内。家族連れも多い
2. 外観は和モダンな雰囲気
3. 脂がしっかりとのったトロにしん308円
4. 自家製の紅鮭すじこ醤油漬け418円
5. なかなか味わえない真だち462円(冬季限定)

※真だちやにしんは仕入れ状況により販売できない場合があります

北海道最東端ドライブ

自然

動植物を育む潤いに満ちた豊かな大地を知る

多彩な生命を包む湿原の今昔

釧路湿原はかつてただの原野、あるいは不毛の大地と呼ばれ、開拓者にとってはひどくやっかいな
存在だった。しかし、現在はこの湿原が持つ生態系が国際的な注目を集め、保全運動が展開されている。

釧路・釧路湿原●自然

湿原の形成は氷河期の終わり頃から始まる

釧路湿原の成り立ち

最終氷期から2万年の歳月をかけて形成
世界的にも貴重な日本最大の面積を持つ湿原

　釧路湿原の形成は約2万年前に始まる。当時の気温は現在より10℃ほど低く、そのため海面は約100m低かったので、現在の釧路湿原は台地だった。約6000年前には気温の上昇により縄文海進が最も進行し、湿原周辺は海で覆われた「古釧路湾」という内海が形成された。その後、気温の低下にともなって陸地が広がり、4000年前になると湾の入口に砂嘴が発達し、淡水化も進んで3000年前には今ある釧路湿原となった。

🔄 2011年までは「川の蛇行復元事業」も実施され、湿地の生態系が豊かさを取り戻しつつある

危機に瀕する動植物も多い湿原の生態系

湿原に集まるさまざまな生物

最大幅が東西25km、南北36kmにまでおよぶ
広大な湿地には希少な生命が多く生息する

　釧路湿原は日本で最大の湿原で、環境に応じてさまざまな植生景観が広がる。タンチョウをはじめ希少な動物が多く生息しており、食物連鎖の生産者・捕食者・分解者として生命の大きなサイクルでつながっている。釧路湿原とその周辺には植物が約600種、昆虫類約1130種、魚類38種、両生類・爬虫類9種、鳥類170種、哺乳類26種が生息するが、絶滅危惧種も多く含まれ、全体の約10%にもなる。

⬇ 氷河期の遺存種であるキタサンショウウオの体長は8〜12cm。卵のうが夜間青白い蛍光色に輝くことから「湿原のサファイア」と呼ばれる
写真提供：釧路市立博物館

⬆ イトウはサケの仲間で、体長1mを超える日本最大の淡水魚

温暖な気候で縄文海進が始まり、約6000年前には内湾「古釧路湾」が形成された。貝塚からは現在は見られないアカガイなどが出土している。

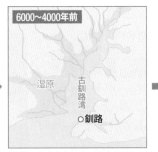

6000〜4000年前には、気温の低下にともない、内湾「古釧路湾」の海水の後退が始まった。土砂や泥炭などがたまることで、湿原が形成されるようになる。

3000年前には現在の海水面となり、地表面は西高東低の地形を形成し、水質も淡水化が進んだ。巨大な沼沢地には湿性植物が繁茂して湿原が誕生した。

発見から給餌活動で保護に成功
タンチョウを救った自然環境

かつては関東地方でも見られたタンチョウ
一時は絶滅と思われたが、釧路湿原で再発見

「サルルンカムイ＝湿原の神」とも呼ばれる釧路湿原のタンチョウは明治時代の乱獲と開発などで絶滅したと考えられていたが、大正13年（1924）にキラコタン岬付近で十数羽が発見された。昭和27年（1952）には国の特別天然記念物に指定され、国や自治体によってドジョウを放流したりセリを植えたりして保護活動が実施された。しかし思ったほど生息数は増えなかったが、やがて給餌活動が広まることによって増加しはじめ、昭和27年には33羽だったものが2006年には1000羽を超えるまでになった。

⬆ タンチョウの学名は Grus japonensis（日本のツル）。漢字で丹頂と書くのは、頭頂に露出した皮膚が赤く（丹）見えることから。日本では留鳥だ

湿原の種類と生育する植物

釧路湿原は主にヨシ・スゲ湿原、ミズゴケ湿原、ハンノキ林に分類される。湿原の最も多くの部分を占めるヨシ・スゲ湿原は、高さ60～80cmのスゲ属植物や2mを超えるヨシが主体となり、湿原の特徴的な景観をつくる。ミズゴケ湿原は、水を蓄えるミズゴケ類が堆積した湿原で、高山植物や寒地植物など、限られた植物が生育している。ハンノキは、湿原に樹林を形成するが、栄養に乏しい湿原の土壌の影響で、一定まで達すると立ち枯れる。しかし、枯れた根から新しい芽が出て、そのうちの一部のみが生長する。

⬆ ヤチボウズはスゲ属植物が凍結で持ち上がり、融水で根元がえぐられてできる

せめぎあいから合意への道
開発と保護で揺れた湿原

昭和の高度成長期の開発案と、釧路湿原の重要性を訴える努力が保全構想の合意へ。

釧路湿原の価値を証明するために

1970年代に田中角栄元首相によって「日本列島改造論」が提唱され、釧路湿原も工業団地にするという構想が提出されたが、ボランティアの人々によって釧路湿原の価値を証明する調査が厳しい状況下で展開された。この運動がやがてラムサール条約登録と国立公園化へと結ばれていく。

希有な湿原生態系の存続のために

ラムサール条約とは「特に水鳥の生息地として国際的に重要な湿地と、そこに生息する動植物の保全に関する国際条約」で、釧路湿原は昭和55年（1980）に登録地となり、1993年には釧路市でラムサール条約第5回締約国会議（COP5）を開催。国内での保護に関しては、昭和33年（1958）に「国指定釧路湿原鳥獣保護区」に、昭和42年（1967）には釧路湿原が天然記念物に指定された。国内で28番目の国立公園「釧路湿原国立公園」に指定されたのは、紆余曲折を経た昭和62年（1987）のことだった。

釧路湿原展望台

コッタロ湿原展望台

細岡展望台

釧路市湿原展望台

☐ ラムサール条約指定区域
☐ 天然記念物指定区域
☐ 国立公園区域

⬆ 釧路湿原は釧路市など4市町村にまたがる面積2万2070haの湿原だが、釧路湿原を中心とする国立公園としての面積は2万8788ha。ラムサール条約指定区域は湿原面積の半分以下の7863ha

釧路

くしろ

オホーツク海側に位置する
知床観光の拠点でホテルや旅館が立ち並ぶ。
夏季には観光船が発着。

夕日に浮かぶブロンズ像のシルエットが情緒ある風景をつくり出す幣舞橋

釧路・釧路湿原●歩く・観る

建築や史跡など見どころが多い
道東の観光拠点となる街

　道東の中心都市でありながら、大自然と隣り合わせの釧路の街は、春先から夏にかけ夜霧が発生することが多く、どこか幻想的な雰囲気。幣舞橋や、釧路市立博物館など、個性あふれるデザインの建造物も点在する。石川啄木ゆかりの街としても知られ、米町ふるさと館の周辺などに多くの歌碑が立つ。

観光のポイント

市街地北に広がる釧路湿原へ向かい、展望スポットから眺望を楽しむ

日本有数の港町で、新鮮な魚介を名物・炉端焼きで焼いていただく

交通 information

たんちょう釧路空港から阿寒バス・釧路空港連絡バスで釧路駅前まで45分／国道240・38号経由で釧路市街まで20km

釧路市立博物館

くしろしりつはくぶつかん
MAP 付録P.12 C-4

湖畔にたたずむ博物館で
釧路の歴史と自然を学ぶ

湿原の動植物、釧路の歴史・産業・アイヌ文化について、豊富な資料で紹介。映像展示も充実していて見ごたえがある。

☎0154-41-5809　所釧路市春湖台1-7　開9:30〜17:00　休月曜(祝日の場合は翌平日。11月4日〜3月は月曜、祝日)　料480円　交JR釧路駅からくしろバス・市立病院経由で15分、市立病院下車、徒歩5分　Pあり

自然や歴史といったテーマ別に、貴重な資料を展示している

館内に入るとすぐに迫力満点のマンモスの骨格標本が出迎えてくれる

幣舞橋

ぬさまいばし
MAP 付録P.13 F-4

幻想的なライトアップも美しい
釧路川に架かる街のシンボル

北海道三大名橋のひとつに数えられる橋は、釧路市の中心部と対岸をつなぐ。欄干に四季のブロンズ像が立つ。夕景の名所としても人気。

☎0154-31-4549(釧路市観光振興室)　所釧路市北大通　開休料見学自由　交JR釧路駅から徒歩15分　Pなし

アートな雰囲気が漂う、釧路を象徴する橋

米町ふるさと館

よねまちふるさとかん

MAP 付録P.12A-4

明治、大正期の釧路の発展を
当時の商家「旧田村邸」に見る

現存する市内最古の木造民家。明治33年(1900)に海産物問屋の店舗兼住宅として建てられた。当時の生活様式を今に伝える資料館。

☎0154-41-2032 所釧路市米町1-1-21 時10:00〜15:00 休月・水曜(GW・お盆・クルーズ船寄港時を除く)、10月1日〜4月30日 料無料 交JR釧路駅から車で10分 Pなし

↑当時の釧路の街並みがわかる写真なども展示

港文館

こうぶんかん

MAP 付録P.13 E-4

啄木が記者として活躍した
レンガ造り新聞社を復元

2020年にリニューアル。1階は釧路港資料室、2階は啄木資料館としてさまざまな資料を展示。ソファなどに座って資料を閲覧できる。

☎0154-42-5584 所釧路市大町2-1-12 時10:00〜18:00(11〜4月は〜17:00) 休無休 料無料 交JR釧路駅からくしろバス・啄木循環線で7分、小奴の碑下車、徒歩3分 Pあり

↑1階のカフェでは、啄木の顔が浮かび上がるトーストやカフェラテなどのメニューを提供

P.90 釧之助本店 S R くしろ水族館ぷくぷく ★

アイヌの人々が築いた砦(チャシ)跡。標高18mの丘陵を利用

釧路市

春採湖のヒブナは国の天然記念物に指定されている

釧路市立博物館 ★

ラーメン まるひら

昭和34年(1959)創業の釧路ラーメンの老舗。カツオだしベースのスープに縮れ麺がマッチした釧路ラーメン王道の味が楽しめる。

MAP 付録P.12A-4

☎0154-41-7233 所釧路市浦町8-1-13 時9:30〜15:00 休水曜、第2・4木曜 交JR釧路駅から車で10分 Pあり

↑あっさり味の正油ラーメン800円

↑トッピング、大盛りは各100円増し

鳥松

とりまつ

釧路発祥ともいわれる北海道名物のザンギ。その元祖とも呼べる店がこちら。一番人気の骨つきザンギは、衣サックリ、中はジューシーな味わいでやみつきになる。

MAP 付録P.13 F-3

☎0154-22-9761 所釧路市栄町3-1 時17:00〜翌0:30 休日曜 交JR釧路駅から徒歩15分 Pなし

↑骨つきザンギ650円はタレをつけて

↑半世紀以上愛され続けている店だ

釧路初の水族館へおでかけ!

2018年にオープンした「釧之助本店」(P.90)内に、釧路エリア初の水族館。海の生物と触れ合えるタッチプールなど21個の水槽を備え、さまざまな種類の魚に出会える。

↑道東最大級の円柱型水槽

↑ライトに照らされたクラゲが幻想的に泳ぐ

くしろ水族館ぷくぷく

くしろすいぞくかんぷくぷく

MAP 付録P.12 C-1

☎0154-64-5000(釧之助本店) 所釧路町光和4-11釧之助本店2階 時9:00〜18:00 料入場800円(中学生以上)、小学生400円、3歳以上200円 休無休 交JR釧路駅から車で10分 Pあり

曲線が特徴的な
館内の設計も必見

釧路市湿原展望台
くしろししつげんてんぼうだい

外観デザインは、釧路湿原の自然を象徴するスゲ属植物の「ヤチボウズ」がモチーフ

釧路湿原西部
MAP 付録P.11 E-3

釧路湿原を一望しながら、その成り立ちと今を知ることができる施設。有機的なデザインには、希有な自然への畏敬の念が感じられる。

➡ **P.66**

↑ゆるやかな双曲線が重層する、コンクリートの壁に包まれた中央展示室のイメージは「胎内」

↑湿原の神秘を守る要塞。重厚でありながらも、遊び心のあるたたずまいが人を引き付ける

ポストモダン建築の鬼才
毛綱毅曠の世界にふれる
もづなきこう

近未来建築探訪

釧路の街に個性を生む機能性に縛られないデザイン。釧路出身の建築家・毛綱毅曠が地元に残した作品を、初期から晩年のものまで巡ってみたい。

KUSHIRO STAMP

日本建築学会賞を
受賞した美しい外観

釧路市立博物館
くしろしりつはくぶつかん

釧路 **MAP** 付録P.12 C-4

カーブする立体的な壁が象徴的な博物館のテーマは、五感に訴える展示。釧路を多角的に紹介する。シンメトリーの包み込むような外観がいつまでも印象に残る。

➡ **P.80**

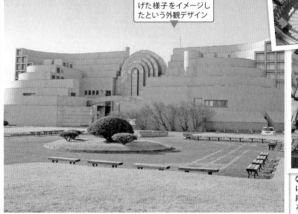

釧路湿原のタンチョウが、その大きな翼を広げた様子をイメージしたという外観デザイン

↑展示空間を特徴づける二重のらせん階段。歴史・記憶を伝えるDNAの構造を表す

釧路の街が持つ
多彩な要素を表現

釧路フィッシャーマンズワーフMOO
くしろフィッシャーマンズワーフムー

釧路川の水面に、色とりどりの姿を映す。タンチョウをデフォルメした中央の装飾が印象的

釧路 **MAP** 付録P.13 E-3

幣舞橋に隣接するウォーターフロントを彩る複合商業施設。三角屋根やさまざまな形の開口部、テイストの異なる外壁の連なりが、街の賑わいをイメージさせる。

➡ **P.90**

➡ P.90

斬新で目を引く
入れ子構造のデザイン

反住器
はんじゅうき

釧路 **MAP** 付録P.13 F-4

初期の代表作で、母親のための住居。入れ子状に組み立てられたこの家は、「機能」に対する「反機能」を表現しようとしたもの。

🏠釧路市富士1-5-1 🚃JR釧路駅から徒歩24分／車で8分

毛綱毅曠31歳のときの作品。見学は外観のみできる

やわらかいフォルムが
街行く人の目を引く

NTTDoCoMo釧路ビル
エヌティティドコモくしろビル

釧路 **MAP** 付録P.13 E-2

釧路市街地に建つオフィスビル。丸みを帯びた角のデザインが斬新だ。上下で異なる外壁材を貼り分けている。

🏠釧路市北大通10-1 🚃JR釧路駅から徒歩5分

1998年度、第7回釧路市都市景観賞を受賞した

近未来建築探訪

➡ 釧路産キンキ く
しろパプリカソース。
おまかせコース前菜
の一例

厳選フレンチに心踊る

北の食材に喝采
美食の劇場

厳寒の海で育ったサケやマスを、
惜しみなく使った料理は、
上質な味はもちろん、彩りも
美しい、まさに海の恵み。

四季折々の道東素材を
おまかせで堪能

ガストーラ

釧路 **MAP** 付録P.12 B-1

予約	望ましい
	※ディナーは前日17時までに要予約
予算	L 1800円〜 D 5000円〜

フランス・バスク地方で修業したシェフ自ら
が市場で選んだ魚介類、道東の野菜や肉を
ふんだんに使い、素材感を生かしたメニュ
ーが味わえる。ランチの時間に合わせて焼
き上がる自家製パンも絶品。

☎ 0154-64-5066
🏠 釧路市愛国東4-6-4
🕚 11:30〜13:30(LO) 18:00〜20:00(LO) 休 日曜
🚗 JR釧路駅から車で15分 P あり

おすすめメニュー

(ランチ) 3300円〜
プリフィクス(選択)コース 2000円〜
おまかせコース(ディナー) 6600円〜

➡ 釧路駅の北、
道道113号そば
の住宅街に建つ

➡ アンティーク
の椅子やテーブ
ルを使った店
内。ステンドグ
ラスも

➡ 釧路の隣町、白糠町の茶路めん羊牧場マトンの
ロティは、おまかせコース主菜の一例

➡ 釧路産タラのポワレとソシソンセック くしろほ
うれん草ソースは、プリフィクス(選択)コースの一例

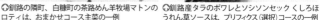

古くから伝わるアイヌ料理の
文化や精神を取り入れた新フレンチ

Restaurant & Community Iomante
レストラン&コミュニティイオマンテ

釧路 **MAP** 付録P.13 F-3

エゾシカ肉や、アイヌ文化に古くから伝わる木の実「シケレペ」、道東の和牛など、生産者の顔がわかる厳選された食材をふんだんに取り入れた、新しいスタイルのフレンチレストラン。

☎0154-65-1802
🏠釧路市末広町2-23
🕕18:00～21:00
🏠月曜
🚶JR釧路駅から徒歩15分 Ｐなし

| 予約 | 要(前日まで) |
| 予算 | Ⓓ6000円～ |

おすすめメニュー

Menu Kushiro 7890円(サ込・税別)
Menu Memories 1万800円(サ込・税別)

⬆道東の素材を使った美しいテリーヌはコース料理の一例

⬆阿寒産エゾシカ背肉。コース料理のメインの一例

⬆ゆったりとした店内で、地元食材のコースを

⬅街の顔、幣舞橋(P.80)のそばにある上質を感じさせるレストラン

シェフこだわりの一品を
地元食材とワインで楽しむ

炉ばたとワイン K
ろばたとワイン ケー

釧路 **MAP** 付録P.12 A-4

フランス料理を学んだシェフが、ジャンルにこだわらずにおいしいと思う料理法で腕をふるう。魚介や肉、白糠酪恵舎のチーズなど地元食材にこだわる。

☎0154-45-1338
🏠釧路市米町2-9-16 🕕日没前～(季節により変動あり、要問い合わせ) 🏠不定休 🚶JR釧路駅から車で13分
Ｐあり

おすすめメニュー

旬のおまかせコース
8800円、1万3200円

⬆花咲カニのパエリア(旬のおまかせコース1万3200円の一品)

| 予約 | 要 |
| 予算 | Ⓓ1万円～ |

⬇2023年3月にオープン

⬆炉ばた発祥の地・釧路で、道東の自然の恵みを用いた洋風アレンジの新しい炉端文化を発信する ⬆太平洋に沈む夕日を眺めながら極上の一杯を ⬆すっきりとした清潔感のある店内

↑脂がのった身の厚さが自慢のホッケ1400円（税別）。炉端焼きでは欠かせない釧路の逸品

創業70年以上の
炉端焼き発祥の人気店

↑レトロな建物に歴史を感じる店内

炉ばた
ろばた

釧路 MAP 付録P.13 F-3

予約	可 ※時期により予約時間など規制あり
予算	Ⓓ2500円〜

道東を中心とする道内の新鮮な魚介を炭火で炙って食べられる。炉端焼きは野菜や肉もあり、刺身や丼ものもある。旬の食材を店のスタッフに聞いて、季節に合わせたものを焼いてもらおう。

☎0154-22-6636
所 釧路市栄町3-1　営 17:00〜23:00(LO22:30)　休 日曜(2・8〜10月とGWは不定休)　交 JR釧路駅から徒歩15分　Ⓟなし

↑メスは卵の食感、オスは身を楽しむむしゃも800円（税別）

↑笠のほうを焼くのが正しい焼き方。中標津町産 しいたけ 350円（税別）

炭火で引き出された魚介の旨み

豪快 炉端焼き

釧路の海の幸、山の幸を囲炉裏でじっくりと焼き上げる。
炭火の香りとともに、アツアツの魚や野菜をほおばりたい。

全席に炉があるので
新鮮魚介がすぐ焼ける

炭火焼きレストラン
炉ばた煉瓦
すみびやきレストラン ろばたれんが

釧路 MAP 付録P.13 E-3

炉端焼きを各席にある炉で焼いて楽しめる店。新鮮魚介を使った炉端焼きは、ご飯付きのセットメニューも豊富だ。「鮭のプロ」がいるので、鮭ザンギなどサケを使ったメニューにも注目したい。

☎0154-32-3233
所 釧路市錦町3-5-3　営 17:00〜23:00(LO22:00)　休 無休　交 JR釧路駅から徒歩15分　Ⓟあり

↑釧路産のサバや常呂産のホタテ、道東産のイクラなどを使用した「煉瓦セット」

↑観光国際交流センターそばの、レンガ造りの建物が目印

予約	要
予算	Ⓓ3000円〜

↑絶品イクラを食べ比べできる、塩いくらと醤油いくらの軍艦750円

↑鮭とイクラの親子丼1450円もオススメ

↑全席それぞれに炉が用意されている

予約 可
予算 D 4000円〜

備長炭で焼いてくれる
釧路近海の新鮮魚介の数々

くし炉 あぶり家

くしろ あぶりや

釧路 MAP 付録P.13 F-3

漁師町・釧路ならではの魚介や道産
野菜などを、備長炭で炙ってくれる
職人がいる店。カウンター席のほか
大小個室もあるので、ゆっくり炉端焼
きを楽しめる。クジラを使ったメニュー
もおすすめ。

☎0154-22-7777
所釧路市末広町5-6-1 営16:30〜23:00
休無休 交JR釧路駅から徒歩10分
Ｐあり（提携駐車場利用）

おすすめメニュー
黒はも 880円
タラバ足の炙り焼き 4180円
青つぶ焼き 748円

↑干し具合にこだわり、ちょうどいい塩加減。めんめ一夜干し（一尾）4268円

↑壁一面に
大きなクジ
ラが描かれ
ている

↑釧路といえば低カロ
リー高タンパクのクジラ。
くじら刺三点盛1518円

↑釧路港旨ネタ握りおまかせ寿司盛
（10貫）3630円。寿司酢にもこだわる

↑釧路の歓楽街、末広町にある

炉端焼きや釧路名物など
メニュー豊富で盛り豪快

港釧路の炉端焼き
虎や

みなとくしろのろばたやき とらや

釧路 MAP 付録P.13 F-3

ホッケや宗八カレイといった炉端焼き
の素材は、釧路港から直送される新
鮮なものばかり。釧路名物のザンギ
や、一品料理はボリューム満点で、
品数も多い。道東の幸を十分に堪能
できる店。

☎0154-25-0511
所釧路市末広町2-9-1 ライオンビル釧路館
1F 営17:00〜22:30（日曜、祝日は〜21:30）
休不定休 交JR釧路駅から徒歩15分 Ｐ
あり（有料）

↑漁師から譲り受け
た大漁旗がいっぱい

↑写真付きメニュー
が壁に貼られている

↑その日に仕入
れた新鮮な魚の
盛り合わせ。刺
身五点盛り（日
替わり）2090円

郷土の味・さんまんま

サンマを香ばしく食べる、釧路の新名物

魚政

うおまさ

釧路 MAP 付録P.13 E-3

もち米の入った炊き込みご飯
と、醤油ベースのタレに漬け
込んで焼いた、脂ののった
道東産サンマを大葉で挟ん
だ、釧路の新名物。

☎0154-24-5114
所釧路市錦町2-4
釧路フィッシャーマン
ズワーフMOO 1F
営10:00〜18:30
休不定休 交JR釧路
駅から徒歩15分
Ｐあり

↑さんまぶっかけ
丼などの丼ものも

↑おみやげにい
い、さんまんま真
空冷凍（2本入り）
2160円

↑釧路町の仙鳳趾（せ
んぽうし）のカキを豪
快に。かきガンガン
焼き（10個）2750「円

予約 望ましい
予算 D 2500円〜

おすすめメニュー
釧路産ほっけ（大）990円
豚角煮 660円
釧路名物ざんぎ 825円

↑大葉の風味が味の
アクセントに。さん
まんま900円（1本）

創業90年以上の
寿司・魚介・カニ料理専門

八千代本店
やちよほんてん

釧路 **MAP** 付録P.13 F-3

心安らく純和風の空間で、新鮮な釧路の海の幸を豊富に使った寿司やひと手間加えた魚介料理、カニ料理が堪能できる、大正15年(1926)創業の店。極上の空間と料理、おもてなしがここに。

☎0154-22-0218
🏠釧路市末広町3-5 八千代ビル1F
🕐11:30～14:00(出前のみ) 17:00～23:00 🈡日曜 🚃JR釧路駅から徒歩15分
🅿提携駐車場利用(有料)

↪ウニの茶わん蒸し仕立て。蝦夷ばふん雲丹舟昆布蒸し1400円(税別)

↪甲羅の中に毛ガニのほぐし身が詰まる、毛蟹甲羅炭火焼き(カニコースの一品)

↪純和風の店内は個室も充実。大人の時間が過ごせる

| 予約 | 望ましい |
| 予算 | Ⓓ6000円～ |

↑トキシラズはさっぱりとした脂が絶品。ときしらず握り(2貫)1200円(税別)

寿司&日本料理の名店で、洗練の逸品

港町で和の粋と出会う

鮮度に頼るだけではない、職人の技が生む極上の逸品。港町にある和の名店で寿司や日本料理をじっくりと堪能したい。

釧路・釧路湿原●食べる

↪銀ダラに特製の味噌をつけて香ばしく焼いた、自家製西京焼き1078円

↪カニすり身揚げ880円。タラバのむき身とすり身入り

↪こぢんまりとした小料理店

↪自家製くじらベーコン1188円

どこか懐かしさが漂う
魚を知り尽くした大将の店

食事処勢喜
しょくじどころせき

釧路 **MAP** 付録P.13 F-3

味のある外観。暖簾をくぐると、店内には日本酒や焼酎の瓶が並ぶ。大人の隠れ家的な雰囲気のある、魚を知り尽くした大将が腕をふるう小料理店。カニすり身揚げはサク&ふわの絶品。

☎0154-25-7555
🏠釧路市末広町3-9 久田ビル1F
🕐17:30～23:00 🈡日曜
🚃JR釧路駅から徒歩15分 🅿なし

| 予約 | 可 |
| 予算 | Ⓓ4000円～ |

↪前浜で揚がった、身の厚いババガレイ煮付け1260～1620円は懐かしい家庭の味

勝手丼で新鮮魚介を食す
好みのネタをのせて完成させる醍醐味

和商市場
わしょういちば

釧路 **MAP** 付録P.13 D-1

ご飯を購入し、市場内の店をまわり、好みのネタをのせて作るオリジナルの海鮮丼が「勝手丼」。市場ならではの珍しいネタも多い。選ぶネタにより値段も異なる。

☎0154-22-3226
(釧路和商協同組合事務局)
🏠釧路市黒金町13-25
🕐8:00～17:00
(季節により異なる)
🈡日曜不定休(要問い合わせ)
🚃JR釧路駅から徒歩3分
🅿あり

↪60年以上市民に親しまれる

↪ボタンエビや大トロなど全10種

↪クジラ、八角、ふんどしなど全8種のせて

↪サーモンを中心に全7種のせて

おいしいおやつとやさしいおもてなしに、のんびり癒やされます

心やすらぐカフェで憩う

観光や食べ歩きで少し疲れたら、カフェでコーヒー片手にほっとひと息。
洗練された空間を訪ね、こだわりのスイーツで元気を充電したら、また釧路旅を楽しみたい。

スタイリッシュな店内で
ランチ&雑貨選びを楽しむ

shop&cafe RHYTHM
ショップ＆カフェリズム

釧路郊外 **MAP** 付録P.11 E-4

「安心、安全でおいしいもの」がコ
ンセプトのアットホームなカフェ。
女性建築家が設計したスタイリッ
シュな空間には、ユーズドのインテリ
アを使用。ランチのあとは雑貨選
びも楽しめる。

☎0154-52-5544
所釧路市鳥取大通8-7-27
営10:30〜17:00(LO16:30) 休日曜、祝
日 交JR釧路駅から車で15分 Pあり

↑白と茶のツートーンの外観

↑季節ごとに中身が変わるふわふわ
食感のRHYTHMのシフォンサンド

↑季節の果物を使ったパフェなども
充実している

↓一面の窓から光が差し込む店内　　↑おみやげに人気の焼菓子も種類豊富　↑数字の形をしたかわいいクッキー

霧の街が誇る銘菓&名産
持ち帰りたい街の名物

釧路産の素材を使った味自慢のグルメみやげから、かわいいタンチョウグッズまでさまざま。

見て、食べて。楽しさぎゅっと
釧路フィッシャーマンズワーフMOO
くしろフィッシャーマンズワーフムー

平成元年（1989）に開業した、ウォーターフロントの中核施設。幣舞橋（P.80）のたもとに位置し、道内各地の銘品、海産加工物、物産、飲食店が揃う。

釧路 MAP 付録P.13 E-3
☎0154-23-0600　㊻釧路市錦町2-4　⏰10:00（7・8月9:00)～19:00　❌無休（1月と11月にメンテナンス休あり）　🚃JR釧路駅から徒歩15分　🅿あり

珍味・夢の味めぐり
MOOオリジナルの商品で、魚の街ならではの多彩な品揃え。各種486円（釧路マルナカ中野物産）

チーズせんべい
ナチュラルチーズを焼いた食感がクセになる一品
1枚120円（ワールドナッツ）

ベーコン
北海道産の豚肉を使用し店内でスモーク熟成。パスタにもぴったり
100g480円（スモークハウス）

紅鮭ししゃもっ子
天然原料で作ったご飯のおとも。サケのほか、甘エビやイクラなども人気
864円（釧路おか和）

いか塩辛 釧路港130g
北海道産の肉厚なイカを使用。塩分控えめで、ご飯のお供にピッタリ
400円

ササヤのいくら丼ぶり80g
道東沖で水揚げされた新鮮なサケから採れる、良質なイクラを厳選
1300円

帆立500g
栄養豊富な噴火湾のホタテの貝柱。肉厚で上品な甘みが特徴
2300円

焼鮭手ほぐし
着色料を一切使わず、ていねいに手でほぐした鮭フレーク
470円

釧路近郊で獲れた魚介がずらり
釧之助本店
せんのすけほんてん

2018年7月オープンの、鮮度にこだわった魚の専門店。広大な販売コーナーには新鮮な魚介を使った商品が所狭しと並ぶ。施設内には食堂や水族館（P.81）もあり、一日中楽しめる。

釧路 MAP 付録P.12 C-1
☎0154-64-5000　㊻釧路町光和4-11　⏰9:00～21:00（BBQは11:00～21:00LO）　❌無休　🚃JR釧路駅から車で10分　🅿あり

タンチョウ関連のおみやげが充実
道の駅 阿寒丹頂の里
みちのえき あかんたんちょうのさと

釧路市阿寒地区の菓子や乳製品を集めた道の駅。タンチョウの越冬地でも知られる。建物に地元産カラマツ材を使用。温泉「赤いベレー」も好評だ。

釧路湿原西部 MAP 付録P.11 D-3
☎0154-66-2969　㊻釧路市阿寒町上阿寒23線36-1　⏰9:00～18:00（10～4月は～17:00）、観光案内所10:00～16:00　❌無休　🚃JR釧路駅から車で50分　🅿あり

阿寒丹頂黒和牛サーロインステーキ500g
JA阿寒の牧場でのびのび育った黒和牛。良質な脂と風味
6600円

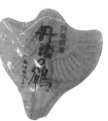

丹頭の鶴
阿寒町の菓子処松屋のタンチョウ形のもなか。餡と餅が入って食べごたえも十分 194円

たんちょうボーロ
ひとつひとつ手作業でタンチョウの顔をつけている人気のボーロ
330円

阿寒・摩周・屈斜路

阿寒摩周国立公園に属し、
個性の異なる3大カルデラ湖は
道内屈指の景勝地。阿寒湖温泉や
川湯温泉など観光拠点となる
温泉郷で湯浴みも楽しみたい。

どこまでも
透き通る
湖水に浮かぶ
豊かな旅情

エリアと観光のポイント

阿寒・摩周・屈斜路は こんなところです

マリモで知られる阿寒湖、霧の摩周湖、道内有数の温泉地を有する屈斜路湖。コバルトブルーに輝く3つの湖の周辺に、自然やアイヌ文化にふれられるスポットなどの見どころが集まる。

原生林に覆われた神秘の湖を訪ね 雄大な景色と大自然を満喫できる

阿寒湖畔の阿寒湖温泉が拠点となる阿寒湖エリアは、阿寒湖以外にも、パンケトー、ベンケトー、雄阿寒岳、雌阿寒岳、オンネトーなど、訪れたいスポットが数多く点在する。霧の摩周湖、国内最大のカルデラ湖の屈斜路湖の周辺エリアは、外輪山からの眺望が素晴らしく、北海道らしい壮大な風景を堪能できる。

阿寒湖のマリモとアイヌコタン

阿寒
あかん

雄阿寒岳の噴火でできた阿寒湖は、国の天然記念物のマリモの生育地として知られ、アイヌコタンではアイヌの伝統文化に出会える。

観光の ポイント 阿寒観光汽船 P.94 双湖台 P.101 双岳台 P.101 阿寒湖アイヌコタン P.101/P.102

川湯温泉を拠点に湖畔巡り

摩周・屈斜路
ましゅう・くっしゃろ

摩周湖と屈斜路湖の中間に位置する川湯温泉が観光拠点。2つの湖の周辺には展望台が用意されているので壮大な眺望を楽しみたい。

観光の ポイント 摩周湖第一展望台 P.96 摩周湖第三展望台 P.97 美幌峠 P.98 900草原 P.104

津別町　美幌町

サマッカリヌプリ
津別峠展望施設 ★
コトニヌプリ
ランプの宿 森つべつ
サマッケヌプリ

網走川
木禽岳 ▲

▲ 阿幌岳

240

パンケトー

阿寒湖　雄阿寒岳 ▲　ベンケトー
双岳台 ★

阿寒観光汽船 ★　双湖台 ★
阿寒湖アイヌコタン ★

240
阿寒　釧路市

241
足寄町　★白湯山展望台

オンネトー
★
▲ 雌阿寒岳

▲ 阿寒富士

阿寒川

鶴居村

交通 information

阿寒・摩周・屈斜路の移動手段

摩周駅、川湯温泉駅はいずれもJR釧網本線の停車駅で、網走・知床方面、釧路方面から一部を除いて乗り換えなしでアクセスできる。阿寒湖へは北見駅、釧路駅からバスを利用。摩周湖や屈斜路湖へは摩周駅や川湯温泉駅からバスを利用、乗り放題パスもあるので、有効に活用したい。バスは本数が少ないので、計画的なエリア巡りを心がけたい。

周辺エリアとのアクセス

鉄道・バス

網走駅	知床斜里駅	北見駅
JR釧網本線で1時間45分	JR釧網本線で1時間	高速バス「サンライズ号」で1時間30分

川湯温泉駅

JR釧網本線で20分

阿寒湖温泉

摩周駅　　　　阿寒バスで2時間

JR釧網本線で1時間25分

釧路駅

車

網走	斜里	北見
国道39・243号経由56km	道道1115号、国道391号経由44km	道道27号、国道240号経由69km

美幌峠

国道243・391号経由34km

国道243号経由32km

川湯温泉

阿寒湖

国道391号経由17km　　国道241号経由40km

摩周

国道391号経由73km　　国道240号経由72km

釧路

問い合わせ先

観光案内
阿寒観光協会 ☎0154-67-3200
摩周湖観光協会 ☎015-482-2200
川湯ビジターセンター ☎015-483-4100
きよさと観光協会 ☎0152-25-4111
交通
JR北海道電話案内センター
　　　　　　　☎011-222-7111
北海道北見バス 北見営業所
　　　　　　　☎0570-007788
阿寒バス ☎0154-37-2221

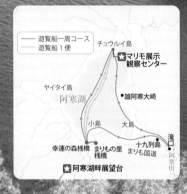

大自然とマリモが待つ湖をクルーズ
神秘の湖へ出航

阿寒湖水上遊覧

全域が阿寒国立公園に含まれる道東を代表する観光地で、
四季折々の美しい自然美が魅力。マリモの生育でも知られ、
遊覧船などを利用して、マリモの観察ができる。

阿寒・摩周・屈斜路 ● 遊ぶ

阿寒観光汽船
あかんかんこうきせん
阿寒 **MAP** 付録P.8 B-3

遊覧船と遊覧モーターボート

雄阿寒岳と雌阿寒岳を眺めながら、チュ
ウルイ島のマリモ展示観察センターに立
ち寄り、景勝地の滝口を巡るクルーズを
催行。遊覧船のほか、気軽にクルージン
グが楽しめるモーターボートも用意。

☎0154-67-2511　所釧路市阿寒町阿寒湖温泉1-5-
20　営8:00〜16:00(時期により異なる、1日8〜11
便)　休12〜4月　料2000円(マリモ観覧料含む)
交阿寒湖バスセンターから徒歩9分　Pあり(有料)

> 遊覧船一周コース
> 遊覧船1便
>
> チュウルイ島
> ★マリモ展示観察センター
> ヤイタイ島
> 阿寒湖
> ●雄阿寒大崎
> 小島
> 大島
> 幸運の森桟橋　まりもの里桟橋
> 十九列島　まりも国道
> 滝口／阿寒川
> ★阿寒湖畔展望台

遊覧船に乗って
チュウルイ島へ
特別天然記念物
マリモを見学

美しい球状体を作り、世界的に
珍しい阿寒湖に生育するマリモ。
大正10年(1921)に天然記念物、
昭和27年(1952)には特別天然記
念物に指定されている。

マリモ展示観察センター

マリモを展示する水槽が並
び、マリモを観察したり、
生態や生長過程をジオラマ
などで学べる。

阿寒湖の全景を望む絶景スポット

阿寒湖畔展望台
あかんこはんてんぼうだい

阿寒湖畔スキー場のゲレンデ中腹にあ
り、正面に雄阿寒岳、その左に阿寒
湖を一望できる。

阿寒 **MAP** 付録P.8 A-2

☎0154-67-3200(阿寒観光協会)　所釧路
市阿寒町阿寒湖温泉　開9:00〜17:00
休11〜4月　料無料　交阿寒湖バスセンターから車で5分
P阿寒湖畔スキー場駐車場利用

日本一の透明度を誇る湖水に浮かぶ山々の影

青く澄んだ水面を望む

摩周湖の3展望台

湖岸の崖上には3つの展望台があり、
それぞれに異なった景色が眺められる。
濃霧が発生しやすく、
幻想的な雲海などの風景も魅力だ。

カムイヌプリ

摩周湖の南東端にそびえる標高857mの火山で、「神の山(カムイヌプリ)」として崇められてきた。

カムイシュ

摩周湖にえくぼのように浮かぶ小島。アイヌの伝説が残る。

▶冬季は、氷結し、幻想的な湖の眺望が楽しめることも

摩周湖第一展望台

ましゅうこだいいちてんぼうだい

阿寒 **MAP** 付録P.7 E-3

周温泉に近い高台にある

西にカムイヌプリ(摩周岳)やカムイシュ(中島)を
、遠くにそびえる斜里岳も見える最もポピュラー
望台。トイレやレストハウスを併設している。

6-482-1530(摩周レストハウス) 所弟子屈町国有林内
見学自由 交JR摩周駅から車で20分 Pあり(4月下旬〜
旬は有料)

摩周湖の特徴を知る

巨大噴火によってできたカルデラ湖。バイカル湖に次いで世界で2番目の透明度を誇り、「摩周ブルー」と呼ばれる深い青が湖面に広がることも。湖面は海抜351m、周囲約20kmで、周囲を絶壁に囲まれ、「霧の摩周湖」と呼ばれるように霧に包まれることが多い。

阿寒湖の特徴を知る

雄阿寒岳の噴火により誕生した周囲約26km、最大水深約45m、海抜約420mにあるカルデラ湖。北海道で5番目に大きい湖で、湖上には大島、小島、ヤイタイ島、チュウルイ島の4つの島があり、マリモの生息地としても知られている。

◆船上から雄大な景色を眺められる

◆遊覧船は、まりもの里桟橋と幸運の森桟橋から

阿寒湖水上遊覧

阿寒湖の季節の楽しみ

一年を通じて、阿寒湖を舞台に行われているさまざまなイベントを訪ねるのも楽しい。

10月8〜10日
まりも祭り
まりもまつり
アイヌの伝統儀式やタイマツ行進、まりも踊りなどのイベントを開催。

2月〜3月上旬
阿寒湖ICE・愛す・阿寒『冬華
あかんこアイス・あいす・あかん
湖上を覆う厚い氷の上で開催され、各種アクティビティが楽しめる。

イベントの問い
阿寒観光協会 ☎0

遊ぶ

白湯山展望台
はくとうざんてんぼうだい
阿寒湖畔スキー場から自然探勝路が整備され、雄阿寒岳、雌阿寒岳、阿寒富士などを一望できる。

阿寒 **MAP** 付録P.6 B-4

☎0154-67-3200（阿寒観光協会）　所釧路市阿寒町阿寒湖温泉　開9:00〜17:00　休11〜4月　料無料　交阿寒湖バスセンターから阿寒湖畔スキー場まで車で5分、阿寒湖畔スキー場から白湯山展望台まで徒歩1時間30分　P阿寒湖畔スキー場駐車場利用

摩周湖第三展望台
ましゅうこだいさんてんぼうだい
摩周 **MAP** 付録P.7 E-3

川湯温泉から好アクセス

⊕ 正面にカムイシュ(中島)、その奥にはカムイヌプリ(摩周岳)を望む

第一展望台の北約3kmの距離にあり、湖面を上から見下ろせる。レストハウスはないが、絶好のビュースポット。

☎015-482-2200(摩周湖観光協会)
㊟弟子屈町弟子屈原野 ㈯㈭㈹見学自由(11月上旬～4月下旬は閉鎖) ㉓JR摩周駅から車で25分 Ｐあり

⊕ 摩周湖周辺にある3つの展望台のなかで、最も高い標高670mにある

摩周湖の地下水でできたといわれる池

神の子池
かみのこいけ

清里 **MAP** 付録P.7 E-2
☎0152-25-3601(清里町役場企画政策課地域振興グループ)
㊟清里町国有林内 ㈯㈭㈹見学自由 ㉓JR緑駅から車で15分(中・大型車両通行止) Ｐあり

周囲約220m、水深約5mの小さな池で、透明度が高く、倒木などが青い水の中に沈んでいる様子が見られる。

⊕ 林道を歩いてたどり着く。水温は年間を通して8℃

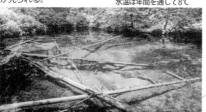

裏摩周展望台
うらましゅうてんぼうだい
摩周 **MAP** 付録P.7 E-3

第一と第三展望台の反対側にある

⊕ 標高585mの穴場的な展望台で、左手にカムイヌプリを望む

清里町と中標津町の町境に位置し、ほかの2つの展望台よりは霧の発生が少ないので、湖面を見渡せる可能性が高い。

☎0152-25-4111(きよさと観光協会)
㊟清里町国有林内 ㈯㈭㈹見学自由(11月上旬～4月下旬は閉鎖) ㉓JR緑駅から車で30分 Ｐあり

摩周湖周辺の最新観光情報をキャッチ!

阿寒湖と摩周湖とを結ぶ国道241号と、243号、391号のほぼ合流地点にある道の駅。交流ゾーンと物販ゾーン、足湯にドックランも備えており、旅の起点にも疲れを癒やす休憩スポットにも最適。インフォメーションではその日の天気に合わせたおすすめの観光案内もしてくれる。

道の駅 摩周温泉
みちのえきましゅうおんせん
摩周 **MAP** 付録P.6A-1 ➡ P.116

⊕ 一人一人のドライブコースを考えてくれる頼もしい案内所

⊕ 気軽に利用できる、源泉掛け流しの足湯は観光客や地元の人たちの憩いの場

⊕ 地場産牛乳を使用したジェラートアイスはテイクアウトコーナーで

高台に開ける日本最大のカルデラ湖の眺望
絶景レイクビュー

屈斜路湖の絶景

「天下の絶景」とまでいわしめる
美幌峠からの眺望をはじめ
巨大な湖のスケールを実感したい。

中島
なかじま

周囲約12kmで、淡
水湖では日本一大
きな島だが、上陸
は禁止されている。

ハイランド小清水725 ★

美幌峠 ★

屈斜路湖

中島

砂湯

池の湯

コタン温泉

川湯温泉駅

釧網本線

美留和駅

津別峠展望施設 ★

摩周駅

美幌峠
びほろとうげ　美幌 **MAP** 付録P.9 D-1

北海道有数の展望スポット

屈斜路湖のカルデラ外輪山の西縁に位
置する峠。標高525mの美幌峠展望台か
ら、屈斜路湖と噴煙を吐く硫黄山、遠く
に知床連山や大雪の峰々を見渡せる。

☎0152-77-6001
(株)TAISHI
所美幌町古梅
開休料見学自由
交JR美幌駅から車
で30分 Pあり

国道243号
こくどうにひゃくよんじゅうさんごう

美幌町と弟子屈町
の境にある国道243
号では、絶景ドライ
ブが楽しめる。

津別峠展望施設
つべつとうげてんぼうしせつ
津別 **MAP** 付録P.6 C-3

雲海を望む人気スポット

津別町と弟子屈町との境に
ある標高947mの峠にある展
望台で、気象条件が揃えば、
屈斜路湖を覆う壮大な雲海
を眺められる。

⤴阿寒摩周、知床、大雪山の3つの
国立公園が一望できる
☎0152-77-8388(津別町商工観光
係) 所津別町上里 開9:00〜19:
00 休11〜5月 料無料 交JR美幌
駅から車で1時間15分 Pあり

ハイランド小清水725
ハイランドこしみずななにご
小清水 **MAP** 付録P.7 D-2

パノラマの眺望が広がる

阿寒摩周国立公園北端に位
置する藻琴山の中腹、標高
725mに建つレストハウス。
オホーツク海や知床連山、
屈斜路湖などを一望できる。

⤴300度の大パノラマは見応え十分
☎0152-62-4481
(小清水町役場産業課商工観光係)
所小清水町もこと山1 開9:00〜
17:00(5・9月は〜16:00、10月は〜
15:00) 休11〜4月 料無料 交JR川湯
温泉駅から車で25分 Pあり

屈斜路湖の特徴を知る

藻琴山、サマッカリヌプ
リなどを外輪山とする周
囲約57km、面積約79.3
km²の日本最大のカルデ
ラ湖。美しいコバルトブ
ルーの水をたたえ、中
央には二重式火山の中
島が浮かぶ。全面結氷
する淡水湖としても国
内で最大だ。

湖畔の足湯を訪ねる

手軽に足湯が楽しめる砂湯のほか、屈斜路湖を眺めながら
湯浴みができる無料の露天風呂でひと休み。

砂湯 すなゆ

湖畔の砂浜を掘るだけで温
泉が湧き出てくるほか、設
置された湯船もある。
屈斜路 **MAP** 付録P.9 F-2

☎015-484-2106(砂湯レストハ
ウス) 所弟子屈町屈斜路湖畔砂
湯 開入浴自由 交JR川
湯温泉駅から車で17分 Pあり

池の湯 いけのゆ

直径15mほどの円形の池が風
呂になっている。古来より地元
住民が湯浴みをした秘湯。
屈斜路 **MAP** 付録P.9 F-3

☎015-482-2200(摩周湖観光協会)
所弟子屈町池の湯 開入浴自
由(温度は低め) 交JR川湯温泉駅
から車で20分 Pあり

コタン温泉 コタンおんせん

露天風呂があり、冬にはオオ
ハクチョウを見ながら湯浴みが
できる。
屈斜路 **MAP** 付録P.9 F-3

☎015-482-2200(摩周湖観光協会)
所弟子屈町屈斜路コタン 開入浴
自由 休火・金曜8:00〜16:00の清
掃時 料無料 交JR川湯温泉駅か
ら車で22分 Pあり

カルデラ湖で遊ぶ

2つのカルデラ湖と、湖から流れ出る釧路川（くしろがわ）を舞台に、各種ツアーで大自然が体感できる。

メジェールファーム

☎015-484-2282　所弟子屈町屈斜路420-1　営9:00〜15:30　休不定休　交JR摩周駅から車で20分　Pあり

屈斜路 MAP 付録P.9 E-3

屈斜路湖畔で乗馬体験

屈斜路湖畔にある乗馬施設。すべてのコースで馬に乗って湖畔を歩くことができる。初心者向けで幼児からお年寄りまで体験が可能。

主なアクティビティ

湖と森のお散歩コース
料6000円　催行通年　所要1時間（馬のお世話40分、トレッキング20分）　予約要　参加条件なし

乗るだけお散歩コース
料5000円　催行通年　所要20分　予約要　参加条件なし

↑乗る馬の世話をするところから始める、湖と森のお散歩コース

↑身長90cm以下の子どもは大人と2人乗りで体験が可能

アトレーユ ➡P.149

屈斜路 MAP 付録P.9 F-4

釧路川源流カヌーが人気

カヌーや散策などを楽しめるアウトドア体験施設。オーナー手作りのログハウスペンションも併設。カヌーでしか行けない「鏡の間」へも行ける。

☎015-484-2455　所弟子屈町屈斜路原野475-56　営6:30〜18:00　休不定休　交JR摩周駅から車で15分　Pあり

↑冬の釧路川源流ツアーは、白銀の幻想的な世界を進む

主なアクティビティ

夏の釧路川源流ツアー　料5500円〜
催行4月下旬〜10月末日　所要1時間30分　予約要　参加条件2歳以上

冬の釧路川源流ツアー
料8250円〜　催行12〜3月
所要2時間　予約要
参加条件中学生以上、身長145cm以上
※妊娠中、飲酒の方は乗艇不可

↓釧路川源流の美しさを体感できる夏の釧路川源流ツアー

↑早朝の屈斜路湖を包み込む神秘的な雲海を見に行く屈斜路湖雲海ガイドツアーin津別峠

↓早朝の屈斜路湖にカヌーで漕ぎ出し水上散歩を楽しむ、屈斜路湖モーニングカヌー

レジャーガイド 遊び屋 屈斜路

レジャーガイド あそびや くっしゃろ

屈斜路 MAP 付録P.9 D-3

自然の恵みを体感

屈斜路湖と釧路川源流部の豊かな自然のなかで、カヌーやゴムボートでの川下り、早朝の雲海や夜のスターウォッチングなど、朝から晩まで魅力あふれる体験が楽しめる。

☎0167-23-5910　所弟子屈町屈斜路温泉 屈斜路プリンスホテル内　営4月下旬〜10月下旬8:00〜20:00（体験により集合時間は異なる、要確認）　休期間中無休　交JR摩周駅から車で25分　Pあり

主なアクティビティ

屈斜路湖雲海ガイドツアーin津別峠
料3500円　催行6月1日〜10月31日　所要1時間30分　予約要　参加条件なし

牛柄トラクターで広大な草原を周遊したあとは、乳搾りにチャレンジ

渡辺体験牧場

わたなべたいけんぼくじょう

摩周 MAP 付録P.7 E-3

広大な牧場で酪農体験

120頭の乳牛を放牧する広大な敷地で、動物や人との交流を通じて自然や命の大切さを学びながら、乳搾りをはじめ多彩な酪農体験ができる。

☎015-482-5184　所弟子屈町弟子屈原野646-4　営9:30〜15:30　休4月中旬〜10月無休、冬季は予約のみ受付　交JR摩周駅から車で5分　Pあり

→エサやりやアイスクリーム作りなども体験できる

主なアクティビティ

乳しぼりとトラクターで草原周遊　料3000円
催行4月中旬〜11月
所要40分　予約不要（11月のみ要予約）　参加条件2歳以下（無料）は大人同伴

阿寒 <ruby>阿寒<rt>あかん</rt></ruby>

特別天然記念物のマリモやアイヌの文化が残り、
豊かな自然が広がる魅力尽きないエリアを歩く。

↑約15万年前の噴火によって誕生した阿寒湖周辺に見どころが集まっている

阿寒・摩周・屈斜路 ●歩く・観る

湖上を行き、太古の森を歩き アイヌゆかりの文化と出会う

貴重な自然が残り、大正10年(1921)には阿寒湖のマリモが国の天然記念物に、また昭和9年(1934)には阿寒湖周辺の森が北海道で初めて国立公園に指定された。マリモの生育地やアイヌの里、宝石のような湖を訪ね、周辺にそびえる雌阿寒岳(めあかんだけ)、雄阿寒岳(おあかんだけ)、阿寒富士などの雄大な景色を楽しみたい。

観光のポイント

マリモを見に、阿寒湖のチュウルイ島のマリモ展示観察センターへ

アイヌ民家を再現した民芸品店や飲食店が並ぶ阿寒湖アイヌコタンを散策

交通 information

JR釧路駅から阿寒バスで阿寒湖バスセンターまで2時間／JR釧路駅から国道240号経由で72km

自然を守った前田家の森を散策

指定ガイド同行時のみ入林が許されるプレミアムな森歩き。豊かな森を守り続ける前田一歩園財団の取り組みや、森に入る楽しみとその不思議、動植物たちの世界を堪能。阿寒湖温泉のルーツとなる温泉やカツラの巨木が見どころ。

不思議の森へご招待 プレミアムツアー

ふしぎのもりへごしょうたい プレミアムツアー

MAP 付録P.8 A-4

☎0154-65-6276(鶴雅アドベンチャーベースSIRI) 🏠釧路市阿寒町阿寒湖温泉4-6-10 あかん遊久の里 鶴雅 ウイングス館1F(集合場所) 🕐ツアー4〜11月9:00〜13:00〜 🈳無休 🈯1万3200円 🚗たんちょう釧路空港から車で1時間 🅿あり(有料)

阿寒湖畔 エコミュージアムセンター

あかんこはん エコミュージアムセンター

MAP 付録P.8 C-3

展示やパネルで楽しく学べる 阿寒湖周辺の自然散策の拠点

展示室の床には阿寒湖周辺の航空写真が敷き詰められ、阿寒湖周辺に生息する動物の標本やパネル、マリモや魚類の水槽展示もある。

☎0154-67-4100 🏠釧路市阿寒町阿寒湖温泉1-1-1 🕐9:00〜17:00 🈳火曜(祝日の場合は翌日) 🈯無料 🚗阿寒湖バスセンターから徒歩6分 🅿なし

↑ボッケ遊歩道など散策路の起点となる施設

↑水槽ではイトウやヒメマスも展示

↑暖炉が設置されている憩いのサロン

阿寒湖アイヌコタン

あかんこアイヌコタン

MAP 付録P.8A-4 →P.102

木彫りと踊りの里で
アイヌ伝統文化にふれられる

北海道の先住民族であるアイヌの
人々が暮らす集落で、木彫りなどの
民芸品店やアイヌ料理を味わえる飲
食店など数十店が並ぶ。

↑多くの店が並びアイヌ
の食文化にふれられる

ボッケ遊歩道

ボッケゆうほどう

MAP 付録P.8 C-3

鳥のさえずりとともに
森林浴が楽しめる

ボッケとはアイヌ語で「煮え立
つ」という意味で、地下から噴
き出す泥火山と原始的な森の魅
力にふれることができる。

↑火山ガスとともにポコポコ
と地表に噴出する泥火山

☎0154-67-4100(阿寒湖畔
エコミュージアムセンター)
所釧路市阿寒町阿寒湖温泉
1-1-1 営休料散策自由
交阿寒湖バスセンターから徒
歩6分 Pなし

双湖台

そうこだい

MAP 付録P.8 C-1

樹海の中にたたずむ
2つの淡水湖を望む

国道241号沿いにある展望
台。ペンケトーとパンケトー
の2つの湖を望めることに由
来し、名付けられた。

↑高台から見ると北海道の形に
似ているペンケトー

☎0154-67-3200(阿寒観光協会)
所釧路市阿寒町国有林2123林班
営休料見学自由(11〜4月は閉鎖)
交阿寒湖バスセンターから車で15分
Pあり

双岳台

そうがくだい

MAP 付録P.8 C-1

阿寒の夫婦岳を望む
大パノラマの展望台

双湖台のさらに上に位置し、
雄阿寒岳と雌阿寒岳を見渡
せる。駐車場があるだけでト
イレなどはない。

↑「阿寒の夫婦岳」を望める

☎0154-67-3200(阿寒観光協会)
所釧路市阿寒町国有林2123林班
営休料見学自由 交阿寒湖バスセ
ンターから車で20分 Pあり

阿寒

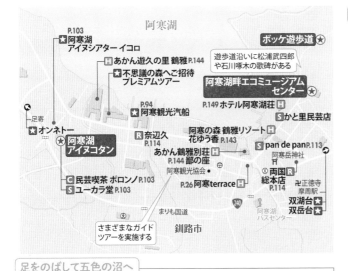

阿寒湖

P.103
★阿寒湖
アイヌシアター イコロ

ボッケ遊歩道 ★ P.103

遊歩道沿いに松浦武四郎
や石川啄木の歌碑がある

R あかん遊久の里 鶴雅 P.144

★不思議の森ご招待
プレミアムツアー

阿寒湖畔エコミュージアム
センター ★

P.149 ホテル阿寒湖荘 H

P.94
R阿寒観光汽船

★オンネトー

足寄

R奈辺久
P.114

阿寒湖
アイヌコタン ★

あかん鶴雅別荘
P.144 鄙の座 H

阿寒観光汽船

C 民芸喫茶 ボロンノ P.103

S ユーカラ堂 P.103

阿寒の森 鶴雅リゾート H
花ゆう香 P.143

S かと里民芸店

阿寒岳神社

S pan de pan P.113

阿寒岳神社

R両国
総本店
P.114

P.26 阿寒terrace H

正徳寺

摩周駅

まりも国道

さまざまなガイド
ツアーを実施する

240

阿寒湖
バスセンター

双湖台 ★
双岳台 ★

釧路市

マリモみやげが揃うお店

かと里民芸店

かとりみんげいてん

マリモグッズから本物のマリモまで
取り扱う店。人気のまりも茶ん、養
殖まりものほか、まりもちゃんTシャ
ツ1980円、ほわほわまりもキーホル
ダー1100円などもある。

MAP 付録P.8 C-3

☎0154-67-3239 所釧路市阿寒町阿寒湖
温泉1-5-15 営9:00〜20:00(冬季要確認)
休不定休 交阿寒湖バスセンターから徒歩
4分 Pなし

↑マリモ商品のほかオリ
ジナル木彫り商品なども

↓まりも茶んは432円。
お湯を入れるととろろ
昆布がマリモのように
丸くなる

↑養殖まりもは
4玉入り1100円

足をのばして五色の沼へ

オンネトー

雌阿寒岳の西山麓にある周
囲約2.5kmの湖で、季節や
天候、時間などにより色が
変わることから、五色沼と
も呼ばれている。

足寄

MAP 付録P.6 A-4

☎0156-25-6131
(あしょろ観光協会)
所足寄町茂足寄
営休料散策自由
交阿寒湖バスセンター
から車で30分 Pあり

↑アイヌ語で「年老いた沼」の意

アイヌ文化が体感できる集落を訪ねる

阿寒湖アイヌコタン

あかんこアイヌコタン

北海道伝統の文化を今に伝えるアイヌコタン（集落）。舞踊や工芸品など、アイヌの伝統を肌で感じられる。

アイヌの伝統や文化が身近に感じられる集落

阿寒湖のほとりにあり、アイヌの生活や文化を体験できるスポット。木彫りや刺繍などを販売する民芸品店、郷土料理を楽しめる飲食店が軒を連ねる。イコロでは古式の舞や現代舞踏と融合した舞台を鑑賞できる。

MAP 付録P.8 A-4

☎0154-67-2727(阿寒アイヌ工芸協同組合)
🏠釧路市阿寒町阿寒湖温泉4-7-84
🕐9:00～22:00(施設・店舗により異なる)
🚫不定休 🚌阿寒湖バスセンターから徒歩10分 🅿️あり

↑個性豊かな店舗の数は30軒ほど

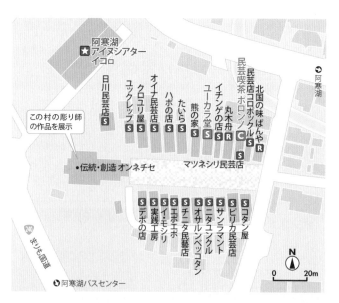

阿寒湖アイヌシアター イコロ ★

阿寒湖 ↗

民芸喫茶 ポロンノ R

民芸店コロポックル R

北国の味ばんや R

日川民芸店 S

オイナ民芸店 S

クロユリ屋 S

ユックレップ S

ハポの店 S

たいら S

熊の家 S

イチンゲの店 S

ユーカラ堂 S

丸木舟 S R

この村の彫り師の作品を展示

•伝統・創造 オンネチセ

マツネシリ民芸店 S

デポの店 S

実践工房 S

イ・モシリ S

エポエポ S

チニタ民藝店 S

ニタユンクル S

オサルンペッコタン S

サンラマント S

ピリカ民芸店 S

コタン屋 S

N

0　　20m

↙ ひろ国道 240

↙ 阿寒湖バスセンター

伝統工芸品と郷土料理にふれる

アイヌ刺繍や木彫りなどの工芸品、アイヌ料理の店などが立ち並ぶ。

ユーカラ堂
ユーカラどう

アイヌ神話に登場する神々をテーマに作品を作り続けたアーティスト・床ヌプリの店。アイヌ伝統の木彫り・刺繍がメインの商品となる。店舗奥にはギャラリーも。

MAP 付録P.8A-4

☎0154-67-2037
🏠釧路市阿寒町阿寒湖温泉4-7-11
🕐9:00～22:00　🈺不定休

⬆木のぬくもりある店内

⬆アイヌ文様刺繍しおり800円

⬆⬇アイヌ文様刺繍巾着2500円(小)

⬆アイヌ文様刺繍コースター950円

⬇ティッシュケース850円

⬆アイヌ文様手ぬぐい1350円

民芸喫茶 ポロンノ
みんげいきっさ ポロンノ

阿寒の山の恵み、海の恵みを生かした伝統的なアイヌ料理から、独自の創作メニューまで楽しめる店。ユックセットは鹿汁と山菜などの炊き込みご飯、メフンのセット。

MAP 付録P.8A-4

☎0154-67-2159　🏠釧路市阿寒町阿寒湖温泉4-7-8　🕐12:00～15:00 18:30～21:00(11～4月は要予約)　🈺不定休

⬆店内には世界各国の民芸品が飾られている

⬆ラタスケップ550円は野菜などの煮込み

⬇シケレベ茶385円はハーブティー

⬆人気のユックセット1100円。ユックは鹿、メフンは鮭で作った塩辛のこと

アイヌの文化を体験する

アイヌ舞踊などのステージ見学や、工芸品作りの体験を通して、アイヌ文化に親しみ理解を深めたい。

阿寒湖アイヌシアター イコ口
あかんこアイヌシアター イコ口

MAP 付録P.8A-3

アイヌの魂を感じる
古式舞踊を専用シアターで

アイヌ文化を発信する専用施設。ユネスコの無形文化遺産に登録された古式舞踊や、幻想的なロストカムイ公演などを約300人を収容できる劇場で鑑賞することができる。

☎0154-67-2727(阿寒アイヌ工芸協同組合)
🏠釧路市阿寒町阿寒湖温泉4-7-84
🕐🈺公演により異なる、要問い合わせ
🚌阿寒湖バスセンターから徒歩10分　🅿あり

⬇エゾシマフクロウは村の守り神

⬇幻想的な世界が広がる「イオマンテの火まつり」

⬆神々への祈りを題材にした舞台・アイヌの宗教観を体感できる

⬇現代舞踊と古式舞踊を融合したエゾオオカミを幻想的な映像に再現、ストーリー性のある舞台「ロストカムイ」

阿寒湖アイヌコタン

103

摩周・屈斜路

ましゅう・くっしゃろ

道東の2大カルデラ湖とその周辺は、北海道らしい雄大な風景が広がり、大自然の息吹が感じられる。

↑厳しい寒さで知られる弟子屈町に広がるエリア

温泉情緒漂う川湯温泉を拠点に水と緑に包まれた風景を楽しむ

摩周湖と屈斜路湖の中間にそびえる硫黄山の北にある川湯温泉が拠点となる。硫黄山を訪ねたら、そこからつつじヶ原を抜けて温泉街へ続く散策路もあり、温泉街には歩いてまわれるスポットも少なくない。歩き疲れたら、無料で利用できる足湯に立ち寄るのもいいだろう。

観光のポイント

周辺に設置されている展望台で摩周湖、屈斜路湖の眺望を楽しむ

川湯温泉の中心地にある源泉かけ流しの足湯でひと休み

交通 information

JR釧路駅から釧網本線で摩周駅まで1時間25分、JR摩周駅から釧網本線で川湯温泉駅まで20分／JR釧路駅から国道391号経由で73km

弟子屈町屈斜路コタンアイヌ民族資料館

てしかがちょうくっしゃろ コタン アイヌみんぞくしりょうかん

MAP 付録P.9 F-3

アイヌ民族の生活や歴史を資料の展示や映像で紹介

釧路市出身の建築家・毛綱毅曠氏の設計。アイヌ民族の生活や歴史に関連した約450点の収蔵品を展示。

☎015-484-2128 所弟子屈町屈斜路市1条通14 開4月10日~11月30日の9:00~17:00（最終入場16:30）休期間中無休 料420円 交JR摩周駅から車で20分 Pあり

↑7本の列柱は宇宙の時間を象徴する聖数7に由来

↑アイヌ文様のコースターの刺繍体験500円もできる。松坂もめんを使用（要事前予約）

900草原

きゅうまるまるそうげん

MAP 付録P.7 E-4

北海道の雄大さを実感できる小高い丘に広がる大草原

広大な敷地には1300頭余りの乳牛が放牧され、展望館やレストラン、パークゴルフ場などがある。

☎015-482-2936（弟子屈町役場農林課）所弟子屈町弟子屈418-66 開休期5~11月は見学自由 交JR摩周駅から車で15分 Pあり
※900草原レストハウスは休業中

↑カムイヌプリや硫黄山などを一望できる

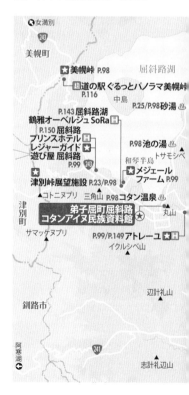

硫黄山

いおうざん

MAP 付録P.7 D-3

硫黄の噴煙が立ち上り
高山植物が低地に生育している

アイヌ語でアトサヌプリ（裸山）と呼ばれる標高512mの活火山。無数の噴気孔から白煙が上がり、硫黄の独特の匂いが立ち込める。

☎015-483-2670（川湯温泉観光案内所）
所弟子屈町跡佐登　時休見学自由（レストハウス8:30〜17:30、冬季8:00〜17:00）
交JR川湯温泉駅から徒歩20分
Pあり（有料）

↑間近で噴煙する様子を見ることができる

川湯ビジターセンター

かわゆビジターセンター

MAP 付録P.10A-2

火山・森・湖が織りなす阿寒摩周
国立公園の楽しみ方を紹介

硫黄山や摩周湖、屈斜路湖などを展示で紹介するほか、見どころ情報も発信。2階には森を眺めながらコーヒーなどが味わえるカフェも併設。

☎015-483-4100　所弟子屈町川湯温泉2-2-6　時8:00〜17:00 11〜3月9:00〜16:00
休水曜（祝日の場合は翌日。7月第3週〜8月31日は無休）料無料　交JR川湯温泉駅から阿寒バス・大鵬相撲記念館前行きで3分、エコミュージアムセンター前下車、徒歩1分　Pあり（公共駐車場利用）

↪スタッフが案内するガイドウォークも実施

足をのばして展望スポットへ

多和平

たわだいら

「地平線の見える大牧場」の言葉どおりに、丘の頂上に地平線を360度見渡せる雄大な眺めの展望台がある。

標茶　**MAP** 付録P.7 E-4

☎015-486-7872（標茶町バスターミナル観光案内所）　所標茶町多和　時休見学自由
交JR標茶駅から車で30分　Pあり

↑標高195.2mの丘で、夜は満天の星が輝く

大鵬相撲記念館

たいほうすもうきねんかん

MAP 付録P.10 B-2

不滅の名横綱・大鵬の
偉業を後世に伝える

川湯温泉は、「巨人・大鵬・卵焼き」の流行語にもなった第48代横綱・大鵬が少年時代を過ごした地。貴重な資料のほか、名勝負の映像もある。

☎015-483-2924　所弟子屈町川湯温泉2-1-20　時9:00〜17:00
休無休　料420円　交JR川湯温泉駅から阿寒バス・大鵬相撲記念館前行きで10分、終点下車、徒歩1分　Pあり

川湯温泉の足湯でひと休み

川湯温泉駅の足湯

かわゆおんせんえきのあしゆ

ログハウス調の旧駅舎の一部を改装した、木のぬくもりいっぱいの足湯。

MAP 付録P.10 B-4

☎015-482-2200（摩周湖観光協会）　所弟子屈町川湯駅前1-1
時列車の始発〜最終列車の間　休無休　料無料　交JR川湯温泉駅構内　Pあり

川湯温泉街の足湯

かわゆおんせんがいのあしゆ

温泉街の中心地、「川湯園地」という足湯の公園内にある。

MAP 付録P.10 B-2

☎015-483-2670（川湯温泉観光案内所）　所弟子屈町川湯温泉2
時24時間　休無休　料無料　交JR川湯温泉駅から阿寒バス・大鵬相撲記念館前行きで10分、郵便局前下車、徒歩1分　Pなし

391 知床斜里駅
ニタトルシュケ山　清里町
川湯温泉街の足湯
★大鵬相撲記念館　★神の子池 P.97
★川湯ビジターセンター
マクワンチサップ　川湯温泉駅
硫黄山★　川湯温泉駅の足湯
清里峠
391　★裏摩周展望台 P.97
川湯エコミュージアムセンターから2.7kmのつつじヶ原自然探勝路が整備されている
P.97 摩周湖第三展望台★
釧　摩　カムイヌプリ　中標津町
路　周　（摩周岳）
本　湖
美留和駅　線
美留和山　西別岳
摩周湖第一展望台★
P.24/P.96　摩周湖第一展望台から2時間30分で登頂できる
R COVO P.111
標茶町
243
★渡辺体験牧場 P.99
H ぼらりす
P.149　243
美羅尾山　道の駅 摩周温泉
P.97/P.116
摩　241
周　弟子屈町
駅　243
★ 900草原
★釧路駅　★多和平

厳しい自然と共生した北の民族の歩んだ道
アイヌの歴史と文化を巡る旅

北海道では、旧石器時代から縄文、続縄文、擦文、オホーツク文化へと続いてアイヌ文化が確立。
そして江戸幕府や明治政府の干渉によるアイヌ文化の衰退から、その伝統文化と生活空間の再生へ。

阿寒・摩周・屈斜路●歴史

紀元前～
12世紀

マンモスを追って移住した人々
古代の北海道

後期旧石器時代の白滝遺跡群の黒曜石は有名
オホーツク文化のクマ信仰はアイヌ文化に影響

　氷河期、陸続きだったサハリンからマンモスなどが渡来し、それらを追って北海道に人々が移住した。道内に残る最も古い遺跡群から、約2万5000年前には人々が暮らしていたと考えられている。東北地方の影響を受けた縄文時代が始まり、後期後半には北海道特有の集団墓地・周堤墓も造られた。北海道には稲作栽培が伝播しなかったため、続縄文文化期が続き、8世紀頃には本州の土師器文化に接して擦文文化が成立。同時代にオホーツク海沿岸や千島列島にオホーツク文化が形成されるが、この文化にはクマへの信仰があったとされ、アイヌ文化に影響を与えたとする説が有力だ。

13～
20世紀

生活基盤を奪われたアイヌ社会
アイヌ文化成立と衰退

和人との交易と対立の凄惨な歴史を経て
現在、アイヌ民族の伝統文化の振興事業が進む

　擦文文化が終わる頃、アイヌ社会は日本海やサハリン、千島列島と盛んに交易を行うが、新たに本州から渡ってきた和人との対立もあり、長禄元年(1457)にはコシャマインの戦いも起きた。16世紀にアイヌとの抗争を収めた蠣崎氏は江戸時代に入ると松前氏と改称し、アイヌとの交易を独占。やがてこの権利を家臣へ「商場」として分与した。アイヌ社会にとっては交易の自由が限定されることになり、これに対抗して寛文9年(1669)にはシャクシャインによる一斉蜂起が、寛政元年(1789)には過酷な労働に対するクナシリ・メナシの戦いなどが起きた。明治時代には北海道開拓が優先されることにより、近代以降はアイヌの生活基盤が奪われていく。しかし1997年に「北海道旧土人保護法」が廃止され、アイヌの伝統文化に関する普及・啓発を目的とする「アイヌ文化振興法」が制定された。

北海道と本州の歴史区分の違い

北海道では、民族の大きな流入が起こらなかったため、縄文文化を担った人々の子孫がその後の続縄文文化、擦文(P.69)文化の担い手となり、アイヌ文化へと移行していったものと考えられている。北海道では150年ほど前まで、アイヌを中心とした世界が広がっていた。

紀元前	本州	北海道
10,000	先土器（旧石器）	先土器（旧石器）
西暦 1,000	縄文	縄文
200	弥生	
400	古墳	続縄文
600	奈良	
800	平安	擦文
1,000		オホーツク文化
1,200	鎌倉	
1,400	室町	
1,600	安土・桃山	アイヌ文化期
1,800	江戸	
1,868	明治	
	大正	
	昭和	

◆器面に刷毛目様の擦痕があることから名付けられた擦文土器〈釧路市立博物館所蔵〉

阿寒の自然を守った財閥・前田家

　明治政府の殖産興業に多大な貢献を果たした前田正名は明治39年(1906)に、国から阿寒湖周辺の土地約3800haを取得し、「阿寒前田一歩園」と名付けて湖畔の開拓や自然保護、教育施設の建設などに力を注いだ。3代目となった次男・正次の妻・光子は、土地を無償提供し、支援されたアイヌの人々は彼女を「阿寒の母（ハポ）」として慕うようになる。昭和58年(1983)には「前田一歩園財団」が設立された。

◆阿寒湖畔の保全に努めた光子によってアイヌの人々は観光事業に寄与した

衣食住から見えるアイヌの豊かな暮らし
北のナチュラリストの生活スタイル

動植物や火や水、道具類、そして自然現象にも霊があると信じたアイヌ民族の生活。
万物の霊と人間とが相互に影響を与え、世界は成り立っている、という考えが根底に流れている。

衣 樹皮、鮭皮を利用

上着として着る伝統衣装のアットゥシはオヒョウなどの樹皮の内皮繊維で織るもので、晴れ着の場合は刺繍などを施す。やがて和人からは木綿が、中国からは絹の衣装も交易で得た。ほかにサケやアザラシの皮などで作った服もある。モレウ（渦巻き文）やアイウシ（括弧文）などの独特の文様は美的要素としてだけでなく、魔除けの意味があるとされる。仕立ては和服に似るが、袖はなく単衣になっているものが多い。

↑イラクサなどの繊維から作られる草皮衣はテタラペと呼ばれ、ヒグマなどの毛皮の上着は防寒に役立った

食 木製食器で汁ものを

食事は1日2回で、鉄鍋で山菜やクマの肉、サケなどを煮込んだオハウと呼ばれる汁ものと魚の串焼きを主食とした。ヒグマの霊送りなどの儀礼時には米粉の団子に昆布汁をかけたコンブシトなどが供された。また、冬季や飢饉に備えてさまざまな野生動植物が燻製や乾物として保存された。ルイベなど、北海道の郷土料理にも影響を与え、石狩鍋もチェプオハウ（サケ入り汁）が起源とされている。

↑神の魚＝サケはあらゆる部位が利用され、頭部も干してだしに使う

↑主食である汁もののオハウは具材にクマの肉を使えばカムイオハウ、サケを使えばチェプオハウという

住 神の窓がある家

アイヌのコタン（集落）に建つチセ（家）の造りは四角形の一間で、屋根は樹皮や茅で葺いてある。内部には炉が備わり、入口から向かって正面の窓はカムイ（神）が出入りする神聖な窓とされ、左奥には宝物置場があった。チセの外には小熊を飼う檻やトイレが建てられた。かつては死者の送り儀礼として家を焼く「チセ・ウフイカ」という風習があった。チセ以外にチャシと呼ばれる砦や聖地も多く築造された。

↑チセの内部では家族の座る場所や寝る場所は決まっていた

↑掘立柱建築だが時代や場所によってさまざま。多くの場合、外側に物置などを兼ねた土間が付属する

アイヌの信仰

カムイ（神）は役割を終えてあの世に帰る

アイヌ民族には動植物をはじめこの世のすべてに霊を認め、その役割を終えると元の居場所に帰るという考えがある。イオマンテ（クマ祭り）は、毛皮や肉をアイヌにもたらして役割を果たしたヒグマを神の世界に送り返す儀礼で、カムイであるヒグマの小熊を大切に育て、イオマンテの日になると送りの儀式としてクマを丸太で圧死させ、再訪を願いながら神の世界に帰す。この儀式は野蛮だとして一時禁止になったが2007年に撤回された。

↑「クマ送り」で殺されるクマは供犠（神霊に供えるいけにえ）ではなく、あくまでクマの霊を天に送り返すアイヌの宗教観を示すものだ。現在は観光化されている〈函館市中央図書館蔵〉

アイヌの歴史と文化を巡る旅

風俗画に刻まれたエキゾティシズム

描かれたアイヌの世界

文字を持たなかったアイヌ社会。和人が描いたアイヌ絵から、
風習や風俗、生活の様子を読み取ってみたい。

アイヌ社会という異文化を絵画に残した和人画家たち

アイヌは結縄や木に刻んだりして記録する手段を持っていたが、文字がなかったため文字資料はなく、絵画も残さなかった。そのため江戸後期から明治初期にかけて和人画家が描いた「アイヌ絵」がアイヌ社会の風俗や生活を知らせる貴重な役割を果たしている。そこには異文化を伝える記録的な意識と、芸術作品として残すという側面もあった。

蠣崎波響　1764〜1826
かきざきはきょう

松前藩の家老で江戸の藩邸では宋紫石の細密画法を学んだ。松前に戻って描いた『夷酋列像』は京都に運ばれ、大評判となる。漢詩人としても活躍。

『夷酋列像』
いしゅうれつぞう

松前藩からクナシリなどの交易権を手にした商人によるアイヌに対する非道や過酷な労働を背景に、寛政元年(1789)にアイヌが蜂起、クナシリ・メナシの戦いが起きた。掲載の絵はこの蜂起鎮圧に協力した12名の長老のひとり「ションコ」の肖像で、藩が波響に命じ描かせた。
●函館市中央図書館蔵

小玉貞良　生年不詳〜1759
こだまていりょう

松前藩出身とされる絵師で、本格的なアイヌ絵のひとつのスタイルを確立したとされる。ニシン漁で繁栄する江差を描いた『江差屏風』でも知られる。

『蝦夷国風図絵』
えぞのこくふうずえ

18世紀中頃のアイヌ絵巻で、クマ送りの儀礼や松前(福山)城藩主への謁見など折々の光景が躍動感ある筆致で描かれている。掲載の絵はその一部分で、多くの写本がある。
●函館市中央図書館蔵

雪好
せっこう

生没年不詳

生没年や経歴も不明な謎の画家だが、18世紀末から19世紀に活動した大坂の浮世絵師と考えられている。独自の画法でアイヌ絵を描いた。

『双幅蝦夷人画』
そうふくえぞじんが

『狩猟之図』（右）と『漁猟之図』（左）双幅からなり、多少洋風画の趣が感じられる。波しぶきなど、ほかのアイヌ画には見られない繊細な描写に特徴がある。
●函館市中央図書館蔵

平沢屏山
ひらさわびょうざん

1822〜1876

現在の花巻市に生まれた屏山はアイヌの人々と生活しながら多くのアイヌ絵を描き、商人や来航した外国人にも人気を博した。

『蝦夷風俗十二ヶ月屏風』
えぞふうぞくじゅうにかげつびょうぶ

日本の12カ月図にアイヌの一年間の風俗、行事を当てはめて制作した、アイヌ文化を熟知した屏山ならではの作品。掲載の絵は11月の『神祈り図』。
●市立函館博物館蔵

村上島之允
むらかみしまのじょう

1760〜1808

幕府の役人で秦 檍 丸とも称す。数回にわたり蝦夷を踏破しアイヌ文化本来の姿を『蝦夷島奇観』や『蝦夷見聞録』で伝えた。これらは貴重な資料となっている。

『蝦夷島奇観』
えぞしまきかん

和人の横暴により破壊されていくアイヌ民族の生活や習俗を憂慮して描かれたもの。絵と文による記録で、アイヌの人々の日常生活やクマ送りの儀礼の様子、キツネ狩りなどの狩猟の光景を詳細に紹介。多数の写本がある。
●北海道大学付属図書館蔵

食べる

オーチャードグラス

川湯温泉 MAP 付録P.10 B-4

駅舎の雰囲気そのままに
本格ビーフシチューは絶品

昭和11年(1936)築、「国鉄 川湯温泉駅」の駅舎をそのまま利用した喫茶店。落ち着いた雰囲気の店内はゆったり時間が流れる。人気No.1のビーフシチューは要チェック。

☎015-483-3787
㊟弟子屈町川湯駅前1-1
🕐10:00～15:00(LO)※変更の場合あり
㊡火曜(祝日の場合は営業)、不定休
🚶JR川湯温泉駅構内 Ｐあり

予約	不可
予算	L 1000円～

ビーフシチュー
1800円
2日間じっくり煮込み味わい深さを出したビーフシチュー。肉はほろほろ、デミグラスソースにはコクがある

駅舎内には足湯もあり、和める

店内のインテリアも、アンティーク調に統一

ウッディなぬくもり空間でレトロな味わい
心あたたまる洋食

美しい湖の近隣にたたずむまるで絵本の世界のようなウッド調のレストラン。体も心も安らぐメニューをゆったりといただけます。

つじや食堂

つじやしょくどう

予約	不可
予算	L 1540円～

摩周 MAP 付録P.6 A-1

スープカレー店に
世界各国の雑貨もずらり

「道の駅 摩周温泉」向かいにある雑貨&スープカレーの店。カレーは3種とシンプルながらもていねいに客と向き合う。国内外のミュージシャンが集いジャズライブなども。

☎015-482-4020
㊟弟子屈町湯の島3-3-37
🕐12:00～15:00(カレーがなくなり次第閉店)
㊡水・木曜(冬季は不定休)
🚶JR摩周駅から車で5分 Ｐあり
💡店主自ら旅して集めた雑貨も豊富

チキンカレー
1540円
やわらかく蒸し上げたチキンと大きな野菜入り。スープは魚介や鶏肉、果物などから抽出

➡緑の屋根に白い壁の細長い建物
➡独自に配合したスパイス入りのミルクティー495円

ここにも注目!! 街で唯一のレコード店
原野Records

店主が集めた素敵な音楽に出会えるのが併設の「原野Records」だ。民族楽器や懐かしのレコードなども並べられ、店主の思いがひしひしと伝わってくるコーナーだ。

↑地元小麦を使い、湧き水で練り上げた生地が特徴のピザ「ロマーナ」

↑国産牛すじ肉を、香味野菜とともにじっくりやわらかく煮込んだ一品

斜里産麦王豚の
アマトリチャーナ1600円
斜里産の麦王豚を店で塩漬けしてパンチェッタに。トマトソースと絡めた一番人気のパスタだ

COVO
コーヴォ

予約	要（夜のみ）
予算	Ⓛ1000円〜
	Ⓓ2000円〜

摩周 **MAP** 付録P.7 D-3

店主の情熱が宿るイタリアン
釧路川を眺めながらくつろぐ

弟子屈町にある食通が集うイタリアン。店主が10年をかけて自作したログハウスの店内は、木のぬくもりが感じられる。地場産を多く用いたメニューも充実している。小学生未満は入店不可。

☎015-482-8557
所弟子屈町札友内89
営11:00〜14:30(LO14:00) 18:00〜22:00(LO21:00、夜は要予約) 休水・木曜
交JR摩周駅から車で15分 Pあり

↑イタリアをイメージした内装

↑店舗兼住宅は10年かけた手作り

心あたたまる洋食

---

café NOBLE
カフェノーブル

川湯温泉 **MAP** 付録P.10 B-2

温泉街でカジュアルランチ
地場産そば粉のガレットを

温泉街中心にある昭和46年(1971)創業の喫茶店。一番人気は野菜とチーズをそば粉のクレープに包んで焼いたフランス生まれのガレット。地場産野菜もふんだんに入る。

☎015-483-3418
所弟子屈町川湯温泉1-4-8
営11:30〜21:00(LO20:30) 休木曜
交JR川湯温泉駅から阿寒バス・大鵬相撲記念館前行きで10分、終点下車、徒歩1分
Pあり(公共駐車場利用)

予約	望ましい
予算	Ⓛ1000円〜
	Ⓓ1500円〜

↑外観は昔ながらの喫茶店

↑摩周で育った豚を使った「摩周ポークのスパゲティ」915円

↑地場産の小麦のパンとジャガイモもきたあかりを使ったスープ

野菜のガレット
920円〜
ガレットには摩周産のそば粉を使用。チーズやベーコンが絶妙に絡まり、野菜を引き立てる

↑創業以来変わらないレトロな内装

やわらかな食感の逸品で極上のひととき
カフェのふんわりスイーツ

北海道産の素材をふんだんに使ったスイーツは、地元でもおいしいと評判。
おしゃれでかわいい空間で、のんびり観光途中のティータイムを楽しみたい。

⬆イチゴ、キウイ、バナナに季節の
フルーツをサンドしたミルクレープ

阿寒・摩周・屈斜路 ● 食べる

⬆フルーツロールケーキ440円のふんわりスポンジはポロニの有精卵を使用

足湯のあとの楽しみ
甘いケーキに浸るひととき

森のホール
もりのホール

川湯温泉 **MAP** 付録P.10 B-4

川湯温泉駅前の店。クッキーやケ
ーキが並ぶショーケースがあり、
手作りケーキの販売を手がける。
道産野菜にこだわった軽食も提供
しており、旅途中の疲れを癒やせ
る空間だ。

☎015-483-2906
所弟子屈町川湯駅前2-1-2
営10:00～17:00
休月・火曜、ほか不定休
交JR川湯温泉駅から徒歩1分
Pあり

⬆吹き抜けのある空間は広々としている

⬆店内では雑貨も販売。足湯が楽しめる川湯温
泉駅のほど近くに位置

街で評判のパン屋さん

香ばしい匂いに誘われて、ちょっと立ち寄り

イートインコーナーで、ホットドリンクとともにいただいたり、雑貨の販売もしていたり。街の小さなパン屋さん。

pan de pan
パンデパン

阿寒 **MAP** 付録P.8 C-4

**阿寒の風土に根ざした
こだわりの製法を貫く**

☎0154-67-4188
所 釧路市阿寒町阿寒湖温泉
1-6-6　営9:00～15:00
休 水曜、第1・3火曜
交 阿寒湖バスセンターから
徒歩4分　P あり

2005年創業。水と空気がおいしい阿寒湖ならではの環境を生かした、職人自慢のパンと菓子とで出迎える。香り豊かなパン生地を求め各地からファンが訪れる。

↑街歩き途中に立ち寄りたい

↑シンボルカラーの赤を基調に、明るく開放的な店内

クリームチーズ 240円
クロワッサン生地にカスタードクリームとクリームチーズ。甘くてサクサク

チリメキシカン 240円
フランス生地を使い、ピザ感覚で食べられるパン

大納言ハーフ 500円
パン職人が丹精込め焼き上げたこだわりパン。豆もたっぷりで人気No.1

メープルブレッド 300円
生地にメープルシートを折り込んだ菓子パン

PANAPANA
パナパナ

川湯温泉 **MAP** 付録P.10 B-4

**噛むほどに香りが広がる
絶品のパンとおしゃれな雑貨**

☎015-483-3188
所 弟子屈町川湯駅前1-1-14
営9:30～17:00(季節により異なる)　休 火・水曜　交 JR
川湯温泉駅から徒歩1分　P あり

川湯温泉駅前に位置する生活雑貨とパンの店。天然酵母で全粒粉やライ麦を使ったパンはもっちりながらも噛みごたえ十分。シンプルさと愛らしさを掲げ、ファンを広げる。

↑駅近くの温かみある店

↑店内レジ横にある木枠のガラスケースにパンが並べられている

お野菜たっぷりキッシュ 250円
地元のジャガイモなど季節の野菜がたっぷり入ったキッシュ

メロンぱん 180円
甘さは控えめ。あっさりとおいしいメロンパン

きなこの あんドーナツ 170円
きなこ生地が香ばしいあんドーナツ

黒ごまあんぱん 180円
生地に黒ごまを練り込んで北海道産の小豆餡を加えた歯ごたえあるパン

阿寒湖のワカサギはココ
そばもおいしい老舗店

奈辺久
なべきゅう

阿寒 **MAP** 付録P.8 B-4

阿寒湖のヒメマスやワカサギが味わえる郷土料理店。昭和40年(1965)の創業以来、阿寒産にこだわり、山菜やきのこ料理まで提供。手打ちそばも人気でハーフサイズ丼とそばを食す客が目立つ。

☎0154-67-2607
🏠釧路市阿寒町阿寒湖温泉4-4-1
🕚11:00～15:00
🏠水曜　🚍阿寒湖バスセンターから徒歩9分
🅿あり(共用駐車場利用、有料)

予約 **不可**
予算 **L** 800円～

↑店内にはテーブル席とカウンター席とがある

↑建物は清潔感が保たれている

虹マスとイクラ丼
1780円
身が紅色できれいな阿寒湖産のニジマス。刺身とニジマスのイクラを一緒にした丼

↑そばはしっかりコシがあり、甘めのだしと相性抜群

↑わかさぎ天婦羅定食1190円は、ワカサギ15～20匹ほどと細切りの長ネギとともに揚げる

阿寒・摩周・屈斜路●食べる

旬食材を新鮮なうちに。郷土食の楽しみ
地産地消という食文化

地元の食材を使って作る郷土料理やご当地グルメは、また格別の味わい。遠方から訪れるファンも多いという人気店に注目。

↑サクサクの食感が楽しめる阿寒湖産のわかさぎの天婦羅660円

↑鹿の鉄板焼きはバターで焼くのがポイント。焼きすぎるとパサパサになるので、レアで
↑地元民に愛される店

上質な鹿肉に出会える店
阿寒湖で極上の味を堪能

両国総本店
りょうごくそうほんてん

阿寒 **MAP** 付録P.8 C-4

阿寒の恵まれた大自然のなかで、鹿肉料理を堪能できる店。鹿肉は上質なものを使っているため、特有の臭みがなくさっぱり味わえる。温泉民宿の1階が食事処となっている。

☎0154-67-2773
🏠釧路市阿寒町阿寒湖温泉2-1-3
🕚11:30～20:00(LO19:30)　🏠不定休
🚍阿寒湖バスセンターから徒歩3分
🅿あり

↑1階が食事処で、2階は宿泊できる

RYOGOKU

鹿丼　1650円
レアで焼き、自家製タレで仕上げる。臭みはなく、肉の赤身の味がしっかりしている

予約 **望ましい**
予算 **L** **D** 1500円～

摩周駅名物の豚丼
香ばしさとうまさが際立つ

食堂と喫茶
poppotei
しょくどうときっさ ぽっぽてい
摩周 **MAP** 付録P.6 B-1

京王百貨店の駅弁大会で全国2位となった「摩周の豚丼」が看板メニュー。ラーメンやカレーなど、多くのメニューに弟子屈らしさを加えて提供する人気店。

☎015-482-2412
🏠弟子屈町朝日1-7-18
🕐10:00～18:30(LO)
🚫不定休　🚃JR摩周駅から徒歩1分
🅿あり
🪑木製のインテリアがおしゃれな店内

摩周の豚丼
1100円
特製ダレに絡めた厳選道産豚ロースを網焼きし、道産米にのせた丼

予約	要確認
予算	ⓁⒹ1000円～

🔼摩周駅前にあり、駅弁もここで作っている

🔼雪見ラーメン950円にも地場産食材を盛り込み人気だ

🔼動物性原材料不使用の野菜カレー

🔼行者にんにくを素材に使った行者にんにく餃子は5個320円

魚介しぼり醤油
950円
醤油タレは、数種類の魚介と野菜を炊き込み、裏ごしして絞り上げることでコクの深いスープに

🔼店内は明るくボックス席もある

魚だしを閉じ込めた
特製醤油ラーメンをぜひ

弟子屈ラーメン
総本店
てしかがラーメン そうほんてん
摩周 **MAP** 付録P.6 A-1

創業は札幌。札幌ラーメン横丁進出後の2006年に弟子屈に総本店を構えた。摩周湖の伏流水をスープに用い、長時間低温で煮込むなど、旨みを引き出す努力に余念がない。

☎015-482-5511
🏠弟子屈町摩周1-1-18
🕐11:00～20:00　🚫無休
🚃JR摩周駅から車で3分　🅿あり

予約	不可
予算	ⓁⒹ900円～

🔼国道沿いの店舗は見つけやすい

SHOPPING
買う

豊富に揃った品々を厳選
珠玉の名産みやげ

レストラン、足湯なども併設する道の駅がおすすめ。名産の摩周そばや熊笹茶のほか、エゾシカなどここだけのグルメも。

道東の観光地につながる分岐点
道の駅 摩周温泉

みちのえきましゅうおんせん
摩周 MAP 付録P.6 A-1

摩周湖や摩周温泉街の玄関口にある道の駅。2011年にリニューアルし地場産品もより充実。足湯もあり、ひと休みしてドライブの疲れをとりたい。

☎015-482-2500
所弟子屈町湯の島3-5-5
営8:00～18:00 11～4月9:00～17:00
休無休 交JR摩周駅から車で5分 Pあり

そばまんじゅう
町内産のそば粉をたっぷり練り込んで、甘みを抑えた上品な味
150円(1個)

牛のおっぱいのむヨーグルト
リピーターの多い濃厚な味の飲むヨーグルト
250円

摩周八割そば
香り豊かな摩周八割そば。遠方から求める人も多い人気商品
410円

牛のおっぱいミルク(右)
牛のおっぱいコーヒーミルク(左)
甘みのあるスッキリした喉ごし。摩周湖の周辺で育ったこだわりの牛乳
各300円

アロニアジャム(左)
るばーぶじゃむ(右)
地元産にこだわって手作りしている。添加物は一切使っていないやさしい味
アロニアジャム900円、るばーぶじゃむ790円

テイクアウトグルメに注目!!

ブルークリームソーダ
摩周湖のブルーをイメージしたソーダと、人気のアイス 600円(道の駅 摩周温泉)

えぞしかバーガー
やわらかなエゾシカ肉に絡む手作りのデミグラスソースは絶品だ 700円(道の駅 摩周温泉)

桜もちミルクWジェラートアイス
桜もちの不思議なモチモチ感、濃厚なミルクが美味
500円(道の駅 摩周温泉)

標高525m。峠の頂上の道の駅
道の駅 ぐるっとパノラマ美幌峠

みちのえきぐるっとパノラマびほろとうげ
美幌 MAP 付録P.9 D-1

屈斜路湖や周囲の山を一望できる景観で知られる道の駅。地元の名産を生かした商品や銘菓など多彩な商品が揃う。テイクアウトグルメも試してみたい。

☎0152-77-6001
所美幌町古梅
営9:00～18:00(11月～4月上旬は～17:30) 休無休 交JR摩周駅／JR美幌駅から車で30分 Pあり

美幌豚醤まるまんま
豚肉を原材料に米麹と塩で熟成。通常醤油の1.7倍の旨み
1069円(120g)

トマカラサン
旨みを凝縮させるため、あえて熟すまで育てた町内産トマトに唐辛子をブレンドした食べるソース
810円

おかず味噌
町内高校で栽培している青大豆と地場産の農畜産物を炒めたご飯のお供
各500円

美幌和牛ほろほろ煮込みカレー
美幌特産の黒毛和牛と玉ネギ、ジャガイモ、ニンジンをじっくり煮込み、旨みが凝縮 799円

峠の生ラーメン
町内産小麦で作った生ラーメンは茹で時間がなんと1分前後! 400円

あげいも
美幌産の有機ジャガイモと道産小麦、町内製造のビート含蜜糖、道産牛乳と、北海道の恵みをギュッと凝縮 400円(3個)(道の駅 ぐるっとパノラマ美幌峠)

美幌ホルカラ
町内精肉店で製造している門外不出のタレで仕上げた塩ホルモンをカラッと揚げた一品
500円(7個)(道の駅 ぐるっとパノラマ美幌峠)

阿寒・摩周・屈斜路 ● 買う

OTONATABI

Abashiri
Kitami
Monbetsu

網走・
北見・紋別

海流が運ぶ
白い宝石と
大地を染める
花々

オホーツク海沿岸にある網走と紋別。
いずれも港町で流氷観光の拠点となり、
冬が訪れると流氷クルーズが楽しめる。
かつてハッカで栄えた北見は、
オホーツク圏の中心都市として賑わう。

旅のきほん

エリアと観光のポイント
網走・北見・紋別は こんなところです

オホーツク海の流氷が厳冬期の到来を知らせれば、紋別・網走から多くの人々が観光に訪れる。ハッカの生産地として知られる北見は、観光の拠点として便利な街だ。

厳寒の冬は流氷観光をメインに 夏は花咲く田園風景を満喫

流氷観光の拠点となる網走からは流氷観光砕氷船 おーろらで、紋別からは流氷砕氷船 ガリンコ号Ⅲ IMERUで、ダイナミックな流氷クルーズが楽しめる。夏は、メルヘンの丘や大曲湖畔園地、能取湖サンゴ草群落やワッカ原生花園など、北の大地を彩る花やフォトジェニックな田園風景を巡ってドライブするのも楽しい。

網走・北見・紋別

ハッカで栄えた商業の中心都市
北見
きたみ

北海道最大の面積で、戦前まではハッカの生産では世界一を誇り、北見ハッカ記念館などでハッカの歴史にふれることができる。

観光のポイント 北の大地の水族館 P.122
ピアソン記念館 P.130

網走監獄見学と流氷クルーズ
網走
あばしり

オホーツク海沿岸最大の街で、天都山にある博物館網走監獄やオホーツク流氷館を訪ね、冬は迫力満点の流氷クルーズを楽しみたい。

観光のポイント 流氷観光砕氷船 おーろら P.120
博物館 網走監獄 P.128

238

★流氷観光船 ガリンコ号Ⅲ IMERU

紋別市 紋別
オホーツク紋別空港
273

55km

238

立牛岳▲

242 湧別町

遠軽駅

計露岳▲

333 丸瀬布駅 瀬戸瀬駅 背谷牛山▲ 石北本線 安国駅

湧別川 瀬戸瀬山▲ 生田原駅

遠軽町 北見市

石北本線 留辺蘂駅 無加川 訓子府町

北の大地の水族館★ 39 西留辺蘂駅

置戸町

通年流氷観光ができる港町

紋別
もんべつ

冬は流氷観光船 ガリンコ号や氷海展望塔オホーツクタワーから流氷を見ることができるほか、一年中、流氷を観察できる施設もある。

**観光の
ポイント** 流氷観光船 ガリンコ号Ⅲ IMERU P.121
北海道立オホーツク流氷科学センター「GIZA」P.132

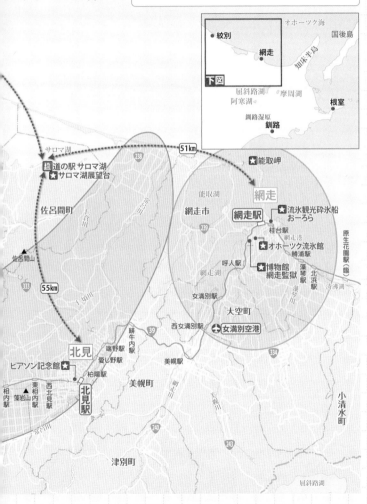

オホーツク海

オホーツク海

● 紋別

網走

国後島

知床半島

下図

屈斜路湖 摩周湖
阿寒湖

根室

釧路湿原
釧路

サロマ湖

51km

道の駅 サロマ湖
★ サロマ湖展望台

佐呂間町

★ 能取岬

能取湖

網走市

網走駅

★ 流氷観光砕氷船 おーろら

239

網走港

桂台駅

★ オホーツク流氷館
鱒浦駅

★ 博物館 網走監獄
北浜駅
藻琴駅

原生花園駅（臨）

佐呂間山

333

55km

網走湖

呼人駅

涛沸湖

女満別駅

大空町

39

北見

西女満別駅

★ 女満別空港

ピアソン記念館 ★

耕牛内駅

端野駅

愛し野駅

柏陽駅

美幌駅

美幌町

334

東相内駅
西相内駅
北見駅
藻岩山駅

334

相内駅

240

津別町

243

屈斜路湖

小清水町

交通 information

網走・北見・紋別の移動手段

周辺エリアから網走駅まではJR釧網本線を利用し、網走駅から北見駅まではJR石北本線の特急（1日4本）または普通列車（1〜2時間に1本）に乗車。北見へは釧路駅からの高速バスもある。紋別には網走や北見から直通の公共交通機関がなく、JR石北本線で遠軽駅に向かいバスに乗り換える。各観光スポットはエリアの中心地から離れている場合も多いので、駅やバスターミナルから出発するバスを事前に把握しておきたい。

周辺エリアとのアクセス

鉄道・バス

遠軽駅

北紋バスなどで
1時間25分

JR特急
オホーツク／
大雪で
55分

紋別バスターミナル

北見駅

高速バス
「サンライズ号」で
3時間

JR特急
オホーツク／
大雪で50分

網走駅

JR釧網
本線で
3時間
40分

JR釧網
本線で
2時間5分

JR釧網
本線で
45分

釧路駅
摩周駅
知床斜里駅

車

紋別

国道238・
333号経由94km

国道238号
経由55km

道の駅 サロマ湖

国道243・
333号経由55km

国道238号
経由51km

北見
網走

道道27号、
国道240号
経由140km

道道122号、
国道243号
経由81km

国道
244・
391号
経由
76km

摩周

国道391号
経由73km

国道244号
経由41km

釧路駅
斜里

問い合わせ先

観光案内

網走市観光協会	☎0152-44-5849
北見市観光協会	☎0157-32-9900
紋別観光振興公社	☎0158-24-3900

交通

JR北海道電話案内センター
　　　　　　　　　☎011-222-7111
北海道北見バス 北見営業所
　　　　　　　　　☎0570-007788
阿寒バス　　　　　☎0154-37-2221
北紋バス　　　　　☎0158-24-2165

網走・北見・紋別はこんなところです

網走・紋別から冬のオホーツク海へ出航
白銀の世界を進む
流氷クルーズ

網走出港の「おーろら」や
紋別出港の「ガリンコ号Ⅱ」で
流氷とアザランやオオワシなどに出会える
流氷クルーズを楽しむ

流氷観光砕氷船 おーろら

りゅうひょうかんこうさいひょうせん おーろら

網走 **MAP** 付録P.18 B-3

流氷を砕いて進む大型観光船

オホーツクの流氷を船の重さで砕氷して進む、
迫力満点のクルーズが楽しめる。定員400名の
大型客船で揺れが少なく、設備も充実。暖房の
効いた1〜2階の客室からも風景を観賞できる。

☎0152-43-6000 所網走市南3東4-5-1 道の駅 流氷街道
網走 働1月20日〜3月31日、1日4〜6便、所要60分、要予
約 休4月1日〜1月19日 料沖合航路4000円(流氷がない
場合は能取岬遊覧3000円) 交JR網走駅から車で5分
Pあり

↑1階はすべて自由席で、2階は前方
50席のみ特別席になっている

←展望デッキからは360
度の大パノラマが広がる

クルーズ中、運がよければ
出会えることも

流氷とやってくる
オホーツクの生き物

アザラシ

流氷シーズンとともに回遊
し、流氷の上で出産する。
網走で見られるのは主にゴ
マフアザラシ。

オオワシ

日本最大級の猛禽類で天
然記念物。ロシア東部など
で繁殖し、越冬のため北
海道に飛来する。

オジロワシ

越冬のため飛来するが、
北海道で一年を通して生
息するものも確認されてい
る。天然記念物。

オホーツク海を進む「おーろら」。大型船で安定感がある

ガリガリと音を立てて、流氷を砕いてダイナミックに進む

冬の風物詩・流氷を知る

塩分を含んだ海水は凍りにくいが、アムール川から流れ込む真水により塩分濃度が低くなった海水が凍り、毎年、海流に乗り、風に吹かれてしだいに成長しながら、オホーツク海沿岸に押し寄せる。

→流氷とともに訪れるクリオネは貝殻を持たない貝類の一種

流氷カレンダー
※日付は平均値

	網走	紋別
流氷初日	1月21日	1月23日
接岸初日	2月2日	2月6日
海明け日	3月20日	3月13日
流氷終日	4月11日	4月1日

流氷初日…視界内に流氷が現れた日
接岸初日…流氷群が接岸した日
海明け日…船舶の航行が可能になった日
流氷終日…視界内に流氷が見えた最終日

流氷観光船 ガリンコ号Ⅲ IMERU

りゅうひょうかんこうせん ガリンコごうスリー イメル
紋別 MAP 付録P.19 F-4

流氷を巨大なドリルで砕いて進む

巨大なドリルで流氷を砕いて進むガリンコ号Ⅲ IMERUが2021年1月から就航。3階建ての船内はバリアフリーを導入、スピードは従来に比べ1.5倍となり、快適なクルーズが楽しめるようになった。

☎0158-24-8000(オホーツク・ガリンコタワー株式会社) 🅿紋別市海洋公園1 🅑冬期1月～3月、夏期4～12月(詳細は要問い合わせ) 🅨冬期4000円(流氷時)夏期3000円 🅧紋別バスターミナルから車で10分 Ｐあり

→神秘的な結氷の景色に包まれる

流氷を望む絶景スポットへ

能取岬
のとろみさき

オホーツク海に突き出た岬。オホーツク海や知床連山を望む流氷見物の特等席でもある。映画のロケ地としても有名。
網走 MAP 付録P.17 E-2

→P.124

→眺望は圧巻で、先端に灯台が立つ

北浜駅展望台
きたはまえきてんぼうだい

オホーツク海に最も近い駅で、冬は展望台から接岸する流氷を間近で観察できる。流氷を見るには絶好の展望台。
網走 MAP 付録P.18 C-2

☎0152-46-2410(停車場) 🅿網走市北浜 JR北浜駅構内 🅑🅗🅨見学自由 🅧JR網走駅から車で20分 Ｐあり

→高さ5mほどから絶景を望む

工夫満載の展示で
生命力に満ちた魚を観察

北の大地の水族館

きたのだいちのすいぞくかん

滝つぼを再現した水槽や、温泉水を利用した熱帯魚の飼育など、
趣向が凝らされた水族館でいきいきと泳ぐ魚たちの姿を眺めてみたい。

小さな
水族館に
オンリーワンが
盛りだくさん

自然環境を再現し魚本来の行動を見せる

凍った川の下を泳ぐ魚たちを観察できる世界初
の展示がある。そのほかにも滝つぼ水槽やジャン
プ水槽など、魚たちが自然界で行っている行
動をさまざまなアイディアでうまく展示に生かし
ている。水槽の水におんねゆ温泉の地下水や温
泉水を利用しているのも特徴。

北見 **MAP** 付録P.16 B-4

☎0157-45-2223 所北見市留辺蘂町松山1-4 時8:30〜
17:00 11〜3月9:00〜16:30 休12月26日〜1月1日、4月
8〜14日
料670円 交JR留辺蘂駅から北見バス・道の駅 おんねゆ温
泉行きで20分、終点下車、徒歩2分 Pあり

⊕ 道の駅 おんねゆ温
泉から徒歩2分ほど

⊕ 広々とした館内。淡水魚の
専門水族館

斬新な展示で淡水魚の秘密を知る

↑迫力満点の大水槽だ

滝つぼ水槽
たきつぼすいそう

日本初・激流に抗う魚の展示

滝つぼは上流からエサが落ちてくる場所でもある。オショロコマがエサを狙い激流に抗う様子が見られる。

ゾーンにいる生きもの
オショロコマ

↑ウロコに光があたり、銀色に輝くと幻想的な気分に

四季の水槽
しきのすいそう

氷の下の世界を観察

道東などでは厳冬期には川が凍ることもしばしば。冬季に凍るこの四季の水槽で、氷の下の魚の生態を観察。

ゾーンにいる生きもの
ニジマス、エゾウグイなど

↑北の魚たちのたくましさが伝わってくる

イトウの大水槽
イトウのだいすいそう

巨大なイトウが11匹も

北海道の一部でしか生息が確認されていないイトウが巨大水槽を自由に泳ぎまわる様子が楽しめる。

ゾーンにいる生きもの イトウ

↑体長が1mにまで育つのに15年はかかるといわれている

世界の熱帯淡水魚
せかいのねったいたんすいぎょ

ユニークな魚たち

アフリカ、東南アジア、アマゾンから北米南部などの淡水魚が集合。その独特な色や形を観察しよう。

ゾーンにいる生きもの アロワナ、コロソナ、ピラルクなど

↑世界の魚をじっくり観察したい

川魚のジャンプ水槽
かわざかなのジャンプすいそう

ゾーンにいる生きもの
ヤマメなど

20分ごとに魚がジャンプ

魚たちは水位など川の変化に敏感。この水槽では20分ごとに水位を低くする。すると魚が上流に向かってジャンプを始める。

↑川の変化を感じて移動する

↑生息環境の変化に敏感な様子が見てとれる

ふれあいタッチコーナー

ゾーンにいる生きもの ドクターフィッシュ、ザリガニ、カメなど

子どもにうれしいコーナー

人間の肌の古い角質を食べてくれるドクターフィッシュや、金魚に囲まれて写真が撮れる水槽で楽しめる。

↑体験型のコーナーも充実

北の大地の水族館

海沿いを走り花と緑の名所へ
北国の絶景を求めて

どこまでも続く花畑や、展望台から眺める雄大な海。
その場所でしか見られない絶景を探して、シーサイドを走る。

1 メルヘンの丘
メルヘンのおか
MAP 付録P.18 B-2

絵に描いたような田園風景

国道39号沿いにあり、ゆるやかな丘の上の7本のカラマツと季節ごとに表情を変える田園風景が美しい。「大空八景」にも選ばれた絶景スポット。

☎0152-74-2111（大空町産業課）
🏠大空町女満別昭和
🚃JR網走駅から約14km　🅿あり

→黒澤明監督の映画『夢』のロケ地にもなったのどかな風景が魅力

2 大曲湖畔園地
おおまがりこはんえんち
MAP 付録P.18 B-1

国内最大級のヒマワリ畑

網走刑務所の旧農場跡地を整備して体験学習型フィールドとして利用。ヒマワリ畑の2期作が行われ、1回目は7月中旬に約150万本、2回目は9月中旬に約260万本のヒマワリが咲き乱れる。

☎0152-44-6111
（網走市観光課）
🏠網走市三眺24
🕐9:00～17:00
🈲11月～5月中旬
💴無料
🚃JR網走駅から約4km
🅿あり

3 能取岬
のとろみさき
MAP 付録P.17 E-2

→先端の灯台まで遊歩道が続いている

知床半島や流氷の景勝地

オホーツク海や知床半島を一望できる標高42mの海岸段丘で、初夏の草花や冬の流氷など四季折々の風景を堪能できる。

☎0152-44-6111（網走市観光課）　🏠網走市美岬　🚃JR網走駅から約12km　🅿あり

↑18haの敷地にヒマワリが咲き誇る

4 能取湖サンゴ草群落

のとろこサンゴそうぐんらく

MAP 付録 P.18 A-1

秋を彩る真っ赤な絨毯

南岸の卯原内地区は、国内最大級のサンゴ草の群生地で、9月になると深紅に色づき始め、9月中旬〜下旬にピークとなる。

☎0152-47-2301（卯原内観光協会）　⽊網走市卯原内60-3
⊗JR網走駅から約13km　Ｐあり

↑園内には散策木道が整備されている

↑2階建ての屋上が展望台で、サロマ湖全体を見渡せる

5 サロマ湖展望台

サロマこてんぼうだい

MAP 付録 P.16 C-3

大パノラマで眺められる

サロマ湖の南にある標高376mの幌岩山の山頂付近にある展望台。サロマ湖を一望できるほか、知床連山も見渡せる。

☎01587-2-1200
（佐呂間町経済課商工観光係）
⽊佐呂間町浪速
⊗JR網走駅から約58km　Ｐあり

移動時間◆約3時間30分

おすすめドライブルート

花と緑と絶景を満喫できるコースだが、路面凍結する10〜5月には注意が必要。また野生動物が道路に飛び出してくるので安全運転を心がけたい。

JR網走駅
ジェイアールあばしりえき

⬇ 国道39号経由
約14km・18分

1	メルヘンの丘
	メルヘンのおか

⬇ 国道39号経由
約14km・18分

2	大曲湖畔園地
	おおまがりこはんえんち

⬇ 国道238号・道道76号経由
約17km・20分

3	能取岬
	のとろみさき

⬇ 道道76号経由
約20km・28分

4	能取湖サンゴ草群落
	のとろこサンゴそうぐんらく

⬇ 国道238号経由
約42km・50分

5	サロマ湖展望台
	サロマこてんぼうだい

⬇ 国道238号経由
約58km・1時間17分

JR網走駅
ジェイアールあばしりえき

オホーツク海沿岸ドライブ

★鶴沼原生花園 P.22

オホーツク海

N

0　5km

⬛サロマ湖 鶴雅リゾート P.146

238 芭露川

円山

サロマ湖

ワッカ原生花園●

キムアネップ岬

佐呂間別川

能取岬 3

湧別町

238

網走市

P.139 道の駅 サロマ湖

5 サロマ湖展望台

佐呂間町

能取湖

76

計露岳

佐呂間別川

能取湖サンゴ草群落 4

卯原内川

START&GOAL

238

⬛道の駅 流氷街道網走 P.138

佐呂間川

リヤウシ湖

桂台駅

網走港

佐呂間山

常呂山

大曲湖畔園地 2

JR網走駅

鱒浦駅

藻琴駅

北浜駅

原生花園駅

網走湾

333

網走川

呼人駅

P.21

北見市

隙川

女満別川

小清水原生花園

藻琴湖

浜小清水駅

海沿湖

女満別駅

女満別川

391

大空町

1 メルヘンの丘

小清水町

オホーツク圏の観光拠点

網走
あばしり

最果ての監獄で知られるオホーツク海沿岸の街。
多彩な海の幸に恵まれ、冬は流氷観光で賑わう。

⬆️オホーツクの海に抱かれた港町

オホーツク沿岸で最大の街
観光スポットは天都山に集中

　網走観光のハイライト、日本最北端の刑務所は、天都山の中腹に旧建造物が保存公開されている。天都山の山頂付近では、北方民族を紹介する北海道立北方民族博物館やオホーツク流氷館にも注目したい。夏に花々が咲く小清水原生花園や、冬に流氷に包まれるオホーツク海でのクルーズも人気だ。

観光のポイント

北海道立北方民族博物館や網走監獄など、ユニークなスポットを巡る

冬のオホーツク海で、流氷を砕いて進むダイナミックな流氷観光砕氷船に乗って流氷体験

交通information

女満別空港から網走バス女満別空港線で網走駅前まで30分／女満別空港から網走市街まで20km

オホーツク流氷館
オホーツクりゅうひょうかん
MAP 付録P.18 B-1

オホーツクの絶景と
流氷の神秘を体感できる施設

本物の流氷にさわったり、400インチの5面シアターや360度カメラで撮影された「流氷海中ライブ」が人気だ。クリオネやフウセンウオなどの生き物も展示。

☎0152-43-5951　🏠網走市天都山244-3　🕐8:30〜18:00 11〜4月9:00〜16:30(最終入館は閉館各30分前)　🈳無休　💴990円　🚌JR網走駅から観光施設めぐりバスで12分、オホーツク流氷館下車すぐ　🅿あり

⬆️天都山の山頂にあり、展望台を併設している

⬆️夏でもひんやり。−15℃流氷体感テラス

⬆️北方地域の円錐形のテントをイメージしたエントランス

北海道立北方民族博物館
ほっかいどうりつほっぽうみんぞくはくぶつかん
MAP 付録P.18 B-1

北方に暮らす人々の文化を紹介
国内唯一の北方民族の博物館

アイヌ文化をはじめ、グリーンランドやスカンジナビアなど、北方民族の文化を豊富な展示や映像で紹介する世界でも珍しい民族博物館。

☎0152-45-3888　🏠網走市潮見309-1　🕐9:30〜16:30 7〜9月9:00〜17:00　🈳月曜(祝日の場合は翌平日、7〜9月・2月は無休)　💴550円　🚌JR網走駅から観光施設めぐりバスで14分、北方民族博物館下車すぐ　🅿あり

⬆️ナーナイと北海道アイヌの衣装

⬆️エスキモーの竪穴住居を復元
写真提供：北海道立北方民族博物館

⚑建物は国の登録有形文化財にもなっている

網走市立郷土博物館
あばしりしりつきょうどはくぶつかん
MAP 付録P.18 B-3

網走地方の自然や歴史を紹介 実寸大の剥製を多数展示する

モヨロ貝塚を発見した故米村喜男衛氏が収集した考古・民族資料約3000点をもとに、網走の自然や文化を紹介。分館にモヨロ貝塚館も。
☎0152-43-3090 ㊤網走市桂町1-1-3 ㊦9:00〜17:00(11〜4月は〜16:00) ㊡月曜、祝日 ㊥120円 ㊤JR網走駅から網走バスで3分、東3丁目下車、徒歩5分 Pあり

古代オホーツク文化を知る

網走市立郷土博物館分館 モヨロ貝塚館
あばしりしつきょうどはくぶつかんぶんかん
モヨロかいづかかん

世界で唯一古代オホーツク文化を専門に伝える発信拠点。発掘調査から明らかになった古代オホーツク人の暮らしを「住居」「墓」「貝塚」の3つのテーマで展示する。
網走 **MAP** 付録P.18 B-3
☎0152-43-2608 ㊤網走市北1東2 ㊦9:00〜17:00(11〜4月は〜16:00) ㊡無休(10〜6月は月曜、祝日) ㊥300円 ㊤JR網走駅から網走バスで10分、モヨロ入口下車、徒歩1分 Pあり

⚑古代モヨロ人の暮らしを体感できる

JR釧網線のグルメな駅へ

JR釧網線の駅にある、長年続く味わい深い飲食店をご紹介。歴史を感じる雰囲気も魅力のひとつだ。

停車場
ていしゃば

店名のとおり北浜駅構内にある。鮮度抜群のホタテを使う帆立カレーが名物。
網走 **MAP** 付録P.18 C-2
☎0152-46-2410 ㊤網走市北浜JR北浜駅構内 ㊦11:00〜19:00 ㊡火曜 ㊤JR網走駅から車で24分 Pあり

⚑帆立カレー980円のほかデザートも人気がある

ラーメンきっさ えきばしゃ

止別駅構内の店。駅長ラーメンはホタテ、カニ、ウニ、イクラなどが贅沢にのる。
小清水 **MAP** 付録P.17 F-3
☎0152-67-2152 ㊤小清水町止別JR止別駅構内 ㊦11:00〜19:00(LO18:30) ㊡不定休 ㊤JR網走駅から車で30分 Pあり

⚑駅長ラーメン1750円は味噌、塩から選べる

網走流氷の丘 ユースホステル
網走市立郷土博物館分館 モヨロ貝塚館
三吉神社
帽子岩
オホーツク海
中央小
網走桂陽高
モヨロ入口
網走川
網走バスターミナル
東1
農作業体験や自然観察などのメニューが楽しめる
三眺山
大曲湖畔園地 ★ P.124
39
網走駅
桂台駅
網走港
刑務所前
238
網走湖
天都山入口
オホーツク流氷館
網走市立郷土博物館
博物館 網走監獄
網走監獄
P.128
中島
天都山 北方民族博物館
北海道立北方民族博物館
2階にはオホーツク海を見渡せる「cafe&restaurant 360」もある
網走湖前
オホーツク公園
鱒浦駅
知床斜里駅
藻琴駅
釧網本線
ホテル網走湖荘 P.150
北天の丘 あばしり湖 鶴雅リゾート P.146
女満別駅
石北本線
呼人駅
停車場
ラーメンきっさえきばしゃ
小清水原生花園
藻琴湖
39
網走市
⚑女満別空港

網走

舎房及び中央見張所

二見ヶ岡農場

浴場

庁舎

教誨堂

監獄歴史館

二見ヶ岡刑務支所

休泊所

正門

釧路地方裁判所
網走支部法廷復原棟

開拓時代の記憶をとどめる重要文化財

博物館 網走監獄

はくぶつかん あばしりかんごく

かつて最果ての監獄として知られた建物を移築・復原。貴重な資料や展示などから当時の様子を見ることができる。

獄中生活の厳しさを実感
監獄食も味わえる

網走刑務所が「網走監獄」と呼ばれていた明治～大正期に建造された建築物を移築・保存している博物館。敷地面積は東京ドーム約3.5個分。移築した8棟が重要文化財、6棟が登録有形文化財に指定されている。

MAP 付録P.18 B-1

☎0152-45-2411 所網走市呼人1-1 開9:00～17:00(最終入館16:00、季節により変動あり) 休12月31日、1月1日 料1500円 交JR網走駅から観光施設めぐりバスで7分、博物館 網走監獄下車すぐ Pあり

舎房及び中央見張所
しゃぼうおよびちゅうおうみはりじょ

放射状に延びる5つの舎房とその中心にある中央見張所。独居房、雑居房合わせて226房の構成

⬆人形なども用い当時の様子を再現している

正門
せいもん

威厳あるたたずまい。通称は「赤レンガ門」

教誨堂
きょうかいどう

僧侶や牧師が、受刑者に人の道を説いた施設

庁舎
ちょうしゃ

刑務所の中心となる庁舎。明治期の官庁建築の典型的な造りで国の重要文化財に指定

浴場
よくじょう

コンクリートの浴槽にボイラーで湯を沸かす明治期では近代的な施設

監獄歴史館
かんごくれきしかん

その名のとおり監獄の歴史を展示。映像展示が人気

釧路地方裁判所網走支部法廷復原棟
くしろちほうさいばんしょあばしりしぶほうていふくげんとう

外観は昭和27年（1952）まで使用された旧網走区裁判所を再現している

休泊所
きゅうはくじょ

受刑者が日帰りできない場所で作業をする際に利用した

二見ヶ岡刑務支所
ふたみがおかけいむししょ

農園作業をするために造られた施設。庁舎、舎房など主要施設が揃う

二見ヶ岡農場
ふたみがおかのうじょう

網走刑務所収容者の食料を担い、受刑者たちが自立的に管理を行った

人気の食堂でランチを

監獄食堂
かんごくしょくどう

現在の網走刑務所の食事を再現した監獄食が味わえる。

MAP 付録P.18 B-1
🕐11:00〜14:30(LO)　🈲要問い合わせ

⬆ 監獄食A(サンマ）900円。麦飯を使用

⬇ 監獄食B（ホッケ）は900円

おみやげはここで

庁舎内にあるミュージアムショップでは刑務所作業製品を販売している。

⬅ 3種類の建造物がデザインされているステンレスボトル

⬅ 脱獄王豆せんべい756円
ゴールデンカムイ©（野田サトル・集英社）

⬇ 刑務所の腰袋2600円は人気の商品

⬇ 手錠がデザインされた監獄Tシャツ2200円

魅力にあふれる商業の中心都市

北見
きたみ

人口はオホーツク圏最大で、かつてはハッカの生産で栄えた。現在は玉ネギやホタテなどの生産でも知られている。

↑北海道遺産に選定されているピアソン記念館。建築家・W.M.ヴォーリズ設計の建物では最北に位置

網走・北見・紋別 ● 歩く・観る

中心市街は内陸盆地に位置し積雪は少ないが寒暖差が激しい

オホーツク海から内陸へ110kmも延びる細長い市域で、2006年に旧北見市を中心に、広大な田園が広がる端野町、日本有数のホタテの産地の常呂町、温根湯温泉がある留辺蘂町が合併して北見市となり、面積は北海道最大。晴天率は道内有数の高さだが、内陸性の気候で寒暖の差が激しい。

観光のポイント

川や滝などを生かした環境のなか、魚たちが泳ぐ北の大地の水族館へ

かつてハッカの生産世界一を誇った北見ハッカの歴史を訪ねる

交通information

JR網走駅から石北本線特急オホーツクで北見駅まで50分／網走中心部から国道39号経由で54km

ハッカ生産で知られた北見

ハッカはしそ科の多年草で、ハーブの一種。かつて国内最大のハッカ産地だった山形県からの入植者が明治時代に北海道にハッカ栽培をもたらしたといわれている。気候的にも北見地方はハッカの栽培に適し、他の農作物に比べ高収入となることから、ハッカ栽培農家が急増し、「ハッカ御殿」として住居が残る五十嵐弥一氏のようにハッカ栽培で富豪になった者もいた。昭和9年(1934)創業のホクレンハッカ工場により、北見ハッカは世界一の生産量を誇った。

ピアソン記念館
ピアソンきねんかん

MAP 付録P.17 E-1

北見市の発展に大きく寄与したアメリカ人宣教師夫妻の私邸

大正時代から昭和初期にかけて宣教活動を行ったアメリカ人宣教師G.P.ピアソン夫妻の活動拠点であったヴォーリズ建築の私邸を復元。

☎0157-23-2546 ㊐北見市幸町7-4-28 ㊐9:30～16:30 ㊡月曜、祝日の翌日(祝日の場合は開館) ㊅無料 ㊋JR北見駅から徒歩15分 ㋹あり

↑大正3年(1914)築、木造2階建ての西洋館

北見ハッカ記念館
きたみハッカきねんかん

MAP 付録P.17 F-2

世界のハッカの7割を生産したハッカ王国の歴史を今に伝える

北見ハッカの歴史を伝える史料館。乾燥ハッカの標本や世界中のハッカ製品なども展示している。毎月第3日曜は「はっかの日」としてイベントを開催。

☎0157-23-6200 ㊐北見市南仲町1-7-28 ㊐9:00～17:00 11～4月9:30～16:30 ㊡月曜、祝日の翌日(月曜が祝日の場合は開館し翌日休館、金・土曜が祝日の場合は開館) ㊅無料 ㊋JR北見駅から徒歩10分 ㋹あり

↑薄荷蒸溜館では、ハッカの蒸溜器の展示と蒸溜実演を実施

↑昭和58年(1983)に閉鎖された旧ホクレンハッカ工場の事務所を改修

北きつね牧場

きたきつねぼくじょう

MAP 付録P.16 B-4

昭和58年(1983)にオープンしたキツネたちの楽園

敷地の中をキタキツネや十字ギツネなど、北海道でしか出会えない固有種が自由に歩きまわり、のびのびと暮らす姿に誰もが癒やされる。ふわふわでコロンとした恥ずかしがり屋のエゾタヌキファミリーも人気。

☎0157-45-2249 **所**北見市留辺蘂町花丘52-1 **営**5〜10月9:00〜17:00(11〜4月는〜16:00) **休**無休 **料**500円 **交**JR北見駅から北見バスで1時間10分、道の駅おんねゆ温泉下車、徒歩7分 **P**あり

⬆いつも身を寄せ合ってる仲良しのたぬきファミリー

⬆牧場内には50匹余りのキツネたちが暮らす。それぞれ名前がついているので、自分好みの子を見つけたい

➡キタキツネとエゾタヌキが放し飼いエリアで一緒に生活している日本唯一の動物園

美山公園

河西ぼたん園

初夏には約500株の牡丹が咲く

NHK北見放送局

中央小

北見北斗高

真隆寺

体育センター

北網圏文化センター

野付牛公園

網走駅

北見藤高

39

北斗町2

中央町2

中央町1

Rレストラン シェルブルー P.131

ピアソン記念館 ★

美芳公園

黒部H

R四条ホルモン P.136

北見冬まつり開催時、広場に大小の雪像・氷像が並ぶ

P.136 オホーツクビアファクトリー **R**

北5西2

P.136 百萬力 **R**

H ドーミーイン

芸術文化ホール

★ 北きつね牧場

北見ピアソンホテル H P.150

北見市役所

Sコミュニティプラザパラボ P.139

旭川駅

石北本線

コンフォートホテル北見

南小

39

北見国道

本町1

★ 北見ハッカ記念館

市民会館

ご当地グルメ・塩焼きそば

レストラン シェルブルー

明治35年(1902)創業のホテル内にあり、北見塩やきそばが味わえる。ジャガイモ、アスパラなど、麺が隠れるほどの具に半熟卵が絡む。

MAP 付録P.17 F-1

☎0157-23-2251 **所**北見市北7西1 ホテル黒部内 **営**11:00〜15:00(LO14:00) **休**無休(レストランイベント日は除く) **交**JR北見駅から徒歩8分 **P**あり

⬆オホーツク北見塩やきそば1500円

⬆すべてテーブル席の落ち着いた店内

⬆ゆったりくつろげるレストラン

北見

紋別
もんべつ

オホーツク海沿岸の
ほぼ中央に位置する街。
夏は花観光や釣りクルーズ、
冬は流氷観光が楽しめる。

↑紋別公園から見渡すオホーツク海と紋別の街並み

クリオネやアザラシにも会える
オホーツク海屈指の港町

　古くからオホーツク海沿岸の漁港として栄え、冬の流氷が観光の中心だ。流氷砕氷船 ガリンコ号Ⅲ IMERUのクルーズが人気だが、氷海展望塔オホーツクタワーでも流氷を観察できるほか、北海道立オホーツク流氷科学センター「GIZA」の厳寒体験室では、一年中、流氷を観察できる。

観光のポイント

流氷観光船ガリンコ号で流氷を砕いて進むクルーズを体験

北海道立オホーツク流氷科学センター「GIZA」で、通年流氷体験が可能

交通information

オホーツク紋別空港から空港連絡バスで紋別バスターミナルまで17分／網走中心部から国道238号経由で116km

氷海展望塔
オホーツクタワー
ひょうかいてんぼうとうオホーツクタワー
MAP 付録P.19 F-4

観光と研究施設を兼ねた
世界初の氷海海中展望塔

地上3階と海底階からなる4層構造で、3階展望室は海上のカフェ。海底階ではオホーツク海の海洋生物の展示を行っているミニ水族館があり、海の中が展望できる海中窓がある。

☎0158-24-8000(オホーツク・ガリンコタワー株式会社) 所紋別市海洋公園1番地 時10:00〜17:00 休年末年始 料海底階500円(1〜3階は無料) 交オホーツクタワー入口バス停から徒歩20分の海交流館から無料の送迎バスあり Pあり

↑流氷時期にはタワー周辺まで流氷が押し寄せることもある

↑冬期にはアザラシが見られることもある

北海道立オホーツク
流氷科学センター「GIZA」
ほっかいどうりつオホーツクりゅうひょうかがくセンター「ギザ」
MAP 付録P.19 F-4

360度のドームシアターで
オホーツクの流氷を学べる

流氷と海洋を中心としたオホーツク圏の自然や生活文化を紹介。−20℃の厳寒体験室などで体験的な学習ができる。

☎0158-23-5400 所紋別市元紋別11 時9:00〜17:00 休月曜(祝日の場合は翌日、大型連休や夏休み、流氷シーズンは無休) 料450円(映像セットは750円) 交オホーツクタワー入口バス停から徒歩10分 Pあり

↑道道304号紋別港線沿いの道の駅 オホーツク紋別内にある

↑マイナス20℃の厳寒体験室

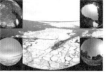

↑迫力満点のドームシアター

海洋交流館
ガリンコステーション

かいようこうりゅうかん ガリンコステーション
MAP 付録P.19 F-4

流氷観光船ガリンコ号II・IIIの発着場

「海の駅」にも指定されたガリンコ号の乗り場がある観光の拠点施設。市内の人気店5店舗やコンビニ、おもやげが揃う売店も併設している。

☎0158-24-8000(オホーツク・ガリンコタワー株式会社) 所紋別市海洋公園1番地 時8:00～19:00(フードコートは11:00～、要問い合わせ) 休年末年始 料無料 交オホーツクタワー入口バス停から徒歩20分 Pあり

↑オホーツク地域の特産品を多数取り揃える

↑とっかりとは、アイヌ語でアザラシのこと

オホーツク
とっかりセンター

MAP 付録P.19 F-4

アザラシだけを飼育する国内唯一のアザラシ専門保護施設

アザラシの観察・保護施設のアザラシランドと、アザラシとのふれあい体験施設のアザラシシーパラダイスからなり、約20頭を飼育。

☎0158-24-7563 所紋別市海洋公園2 時10:00～16:00 休無休(荒天時休) 料アザラシランド200円、アザラシシーパラダイス500円 交オホーツクタワー入口バス停から徒歩12分 Pあり

↑旧石器時代から現代に続く紋別の歴史を紹介

紋別市立博物館

もんべつしりつはくぶつかん
MAP 付録P.19 D-2

金山の歴史から高野番屋まで紋別の歴史や生活文化がわかる

漁業や農業、林業、鉱業などを映像や模型、ジオラマや実物資料で紹介するほか、オホーツクに生息する動物の剥製も多数展示。

☎0158-23-4236 所紋別市幸町3-1-4 時9:30～17:00 休月曜、祝日の翌日(土・日曜の場合は開館) 料無料 交紋別バスターミナルから徒歩6分 Pあり

紋別

地図内の表記

紋別公園
光源寺卍
紋太の湯
オホーツク氷紋の駅
弁天岬
★ 紋別市立博物館
みなとクリニック
紋別バスターミナル
R 海鮮食堂 よ ってけまるとみ P.134
オホーツク海
紋別駅の跡地にできた、食と癒やしを提供する施設
H ホテルオホーツクパレス紋別 P.150
R レストランマリーナ
★ 紋別セントラルホテル P.150
H プリンス
メモリアル通り線
紋別署
税務署
紋別中
紋別港
氷海展望塔
オホーツクタワー ★
海洋交流館
ガリンコステーション ★
紋別高
紋別運動公園
南丘小
オホーツクライン
オホーツクとっかりセンター ★
流氷観光船
ガリンコ号III
IMERU P.121
凍るシャボン玉体験なども人気
北海道立オホーツク
流氷科学センター「GIZA」
オホーツク国道
紋別バイパス
オホーツクタワー入口
P.138
道の駅 オホーツク紋別
網走駅

ご当地グルメをチェック

レストランマリーナ

オホーツクの魚介たっぷりのホワイトカレー、ブランド牛100%のはまなす牛バーガー。ご当地グルメならおまかせの和洋中レストラン。

MAP 付録P.19 D-2

☎0158-26-3600 所紋別市幸町5-1-35 ホテルオホーツクパレス紋別内 時11:00～14:00 17:00～21:30(LO21:00) 休無休 交紋別バスターミナルから徒歩1分 Pあり

↑オホーツクはまなす牛バーガー420円

↑車椅子でも安心なバリアフリー設計

↑白いふわふわの卵白は流氷のよう

133

オホーツクの豊かな恵みを堪能

港町の粋 海鮮

道内屈指の港町・網走と紋別では
絶品海鮮グルメが楽しめる。
クジラやカニなどの
ご当地グルメはぜひ試したい。

水産会社直営の食事処
安さ、うまさは折り紙付き

海鮮食堂
よってけまるとみ

かいせんしょくどう よってけまるとみ

紋別 MAP 付録P.19 E-2

水産会社が直営する食事処で、新鮮さや素材の味は絶品。紋別の味を安く提供している。絶品は15cmほどの丼に、たっぷり海の幸をのせた海鮮丼。盛り付け方から彩りの良さまで楽しめる。

☎0158-24-1188
所紋別市港町5 営11:00〜14:00(LO) 17:30〜20:30(LO) 休水曜 交紋別バスターミナルから徒歩5分 Pあり

予約	望ましい
予算	L D 1000円〜

おすすめメニュー

海鮮丼 2200円
ほっけの開き定食 1370円
お刺身おまかせ一人前 1470円

↑海鮮丼のネタは、漁次第で変動。それも魅力のひとつ

↑中は広々。予約に応じ、宴会や会食も受けている

↑食事処の隣は直販店になっている

↑脂ののったほっけの開き定食も人気

多彩なメニューのなかでも
クジラ料理は要チェック

喜八
きはち

網走 **MAP** 付録P.18 B-3

エビ、カニ、ホタテといった魚介から山の幸まで、オホーツクの恵みを楽しめる、創業20年以上の海鮮居酒屋。数ある料理のなかでも、捕鯨基地だった網走ならではのクジラ料理は、必ず注文したい。

☎0152-43-8108
所網走市南4西3
営16:30〜23:00(LO22:00) 休不定休
交JR網走駅から徒歩10分 P なし

予約 望ましい
予算 D 4000円〜

↑ジャズの流れる店内は、活気がありながらも落ち着いた雰囲気

↑クジラのお造りの盛り合わせ。赤身、舌、ハツ、鹿の子、畝須と一皿で多彩な部位を楽しめる

↑炭火で焼く、本格的な炉端焼きも楽しめる

↑主にオホーツク海沖で獲れるイバラガニ。茹でて提供する

網走の四季折々の旬の食材を
〝燈〟スタイルで絶品料理に

炉ばた 燈 AKARI
ろばた あかり

網走 **MAP** 付録P.18 C-3

網走産やオホーツク地域の素材にこだわり、旨みを最大限引き出し炊きあげた自慢の釜飯や、素材の味を生かした番屋定食などが味わえる。夜は炙り〆ニシンなどの居酒屋メニューが登場。学生とのコラボメニューも。

☎0152-67-4111
所網走市南4条東6-8-2 営8:00〜10:00
11:00〜15:00 17:00〜21:00 休火曜、ほか不定休 交JR桂台駅から徒歩13分 P あり

予約 望ましい
予算 L 1000円〜
D 3000円〜

↑炭火を囲んで絶品食材を思いのまま堪能できる炉ばた席

↑濃厚で旨みの強い網走特産のイバラガニを使用した極生イバラガニ釜飯2900円

↑海鮮丼"燈AKARI"はいくらと鮭の絶品親子飯
↑燈の焼魚定食は1000円〜。鮭やカレイなど好きな魚を選ぼう

↑海を眺めながら食事が楽しめる
↑マルシェなどのイベントも開催する

港町の粋 海鮮

135

炭火で焼き上げた極上の肉を激戦区の人気店で

北見で焼肉三昧

家庭的な雰囲気の店から
高級店まで、焼肉店が多い
北見の名店をセレクト。

北見焼肉の定番を味わう
やわらか豚ホルモンは必食

四条ホルモン
よじょうホルモン

北見 **MAP** 付録P.17 F-1

北見焼肉の名物といえば、牛サガリと豚ホルモン。脂のりの良いこの2点をしっかりキープしている有名店。七輪の炭火焼きスタイルで店も広め。リーズナブルな値段設定で地元客も目立つ。

☎ 0157-23-1927
🏠 北見市北4西1-14 鉄鉱泉ビル2F 🕐17:00～23:00 🈴第1・3月曜(祝日の場合は翌日) 🚃 JR北見駅から徒歩5分 🅿なし(有料駐車場利用代金400円まで補助)

🔸定番の牛サガリは、店の特製タレでいただく

🔸豚ホルモンはやわらかくて新鮮。値段が安いのもうれしい

| 予約 | 望ましい |
| 予算 | Ⓓ 3000円～ |

🔸掘りごたつ式のテーブル席もある店内(左)。繁華街のビルの2階にある(右)

おすすめメニュー

牛サガリ 980円
豚ホルモン 390円
黒毛和牛中落ちカルビ 1480円

🔸人気のホルモン8種盛りは工場直送の絶対鮮度。その日のおいしさを堪能できる

🔸無菌管理している特別室で作るユッケ。自家製タレと卵の相性抜群

🔸すべて自家製の燻製肉。冷たくてもおいしい

🔸肉は卓上の囲炉裏を使って焼き上げる
🔸本物の肉と食感にこだわった店

おすすめメニュー

内臓肉8種盛り 800円
北海道和牛ユッケ 1480円
燻製肉の盛り合わせ 980円

精肉店直営ならではの鮮度
おしゃれなスタイルの店

百萬力
ひゃくまんりき

| 予約 | 望ましい |
| 予算 | Ⓓ 5000円～ |

北見 **MAP** 付録P.17 F-1

おしゃれな炉端スタイルの焼肉店。店にはジャズが流れ、デートにも最適。鮮度と質にこだわった肉はホルモン中心で、卓上で焼く。肉と相性ぴったりのワインメニューも充実している。

☎ 0157-31-5544
🏠 北見市北5西3-7-8 たぬきスクエアビル2 1F 🕐17:00～23:30(LO23:00) 🈴日曜 🚃 JR北見駅から徒歩8分 🅿あり(提携駐車場利用)

地ビールと地産地消グルメ

オホーツクビールのおいしさ、伝えたい

オホーツクビアファクトリー

北見 **MAP** 付録P.17 E-1

開放的な吹き抜けがあるドイツ風ビアホール。1994年、日本初の地ビール免許を取得以来、オールモルトのビールを造り続ける。

☎ 0157-23-6300
🏠 北見市山下町2-2-2 🕐11:30～22:00(LO21:30) 🈚無休 🚃 JR北見駅から徒歩15分 🅿あり

🔸地ビールのおいしさを伝える店

🔸大小個室合わせて約200席ある

🔸黒ビールでやわらかく煮込まれた道産牛は、とろけるような食感

🔸マイルドスタウト、ヴァイツェン、エールなど幅広く造る

網走・北見・紋別 ●食べる

136

窓から射し込む陽光を眺めて、ほっとひと息
至福の一杯を求めて

素材にこだわったオーガニックハーブティーを愉しめるカフェ。
ログハウスの落ち着いた雰囲気で、世界でここだけの一杯を堪能したい。

⚫数種類のハーブをブレンドし、和のテイストを取り入れた「和美人シリーズ」のハーブティー

自社農園で育てたハーブの
癒やしの香りに包まれる

Organic Vege café
葉奏
オーガニック ベジカフェ はのん

北見 **MAP** 付録P.16 C-4

自社農園で栽培した有機ハーブを使ったオリジナルブレンドのハーブティーを提供するカフェ。事前予約すればオリジナルブレンドハーブティーづくり体験もできる。

⚫↗オホーツクカモミール®
ロイヤルファーストフラッシュ

☎0157-66-1201
🏠北見市柏木14-3 香遊生活 🕚11:00〜17:00(LO16:30) 完全予約制 🈹水・日曜
🚗JR北見駅から車で30分 🅿あり

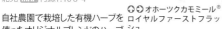

⚫木のぬくもりを感じる店内
でとっておきのくつろぎ時間

⚫畑で健やかに育ったハーブは、癒やしに満ちた香りでリラックスさせてくれる

137

豊かな海と大地の贈り物
美味みやげのよろこび

サロマ湖の海苔や、女満別のシジミ、北見のハッカなど特産品を使ったグルメみやげがずらり。流氷をモチーフにしたビールなども、この土地ならでは。

網走のすべてをここに集約
道の駅 流氷街道網走
みちのえき りゅうひょうかいどうあばしり

オホーツク海と知床を望む観光と交流の拠点。地元の農水産加工品の販売を手がけ、冬季間は流氷観光砕氷船 おーろら(P.120)の発着拠点にもなっている。

網走 **MAP** 付録P.18 B-3
☎0152-67-5007
🏠網走市南3東4-5-1
🕐9:00～18:30 11～3月(売店・観光案内所は通年)9:00～18:00 🈹無休 🚗JR網走駅から車で5分 Ｐあり

網走プリン
網走牛乳を使ったなめらかで濃厚なプリン
346円

網走ちゃんぽん
網走市と長崎県雲仙市の交流からご両地グルメ(写真はイメージ)
980円

冷凍毛ガニ
オホーツク産のカニ身の繊細かつ上品な味わいと濃厚なカニみそが堪能できる 5800円(500g)

冷凍帆立貝柱
北の冷たく豊かなオホーツク海で育った甘みの強い帆立の貝柱 4800円(500g)

流氷ドラフト
天然色素を使い、澄んだ鮮やかなブルーに仕上げた発泡酒
500円(瓶)、310円(缶)

かに味生ラーメン
麺にはカニの粉末を練り込み、スープにはカニの旨みを凝縮
1296円(4食入り)

キーワードは流氷。体験施設も
道の駅 オホーツク紋別
みちのえき オホーツクもんべつ

紋別の海洋レジャー地区にあり、流氷を軸にした施設が豊富。流氷科学センターは、真夏でも-20℃体験が可能。海にまつわるみやげ物も充実。

紋別 **MAP** 付録P.19 F-4
☎0158-23-5400
🏠紋別市元紋別11-6
🕐9:00～17:00
🈹月曜(祝日の場合は翌日。大型連休や夏休み、流氷シーズンは無休)
🚌オホーツクタワー入口バス停から徒歩10分
Ｐあり

オホーツクの魚醤
オホーツク産5種の魚介類で作った魚醤をブレンド
540円

佃煮
細かくほぐした身入りの海苔の佃煮はホタテ、カニ計2種。タラコと昆布の佃煮もある
各480円

太陽牧場ミルクジャム
左から、キャラメル、ハッカ、しお、ハマナス味
各432円(70g)

イートイングルメに注目!!

網走バーガー
カラフトサーモンのフライなど網走食材を使用
450円(道の駅 流氷街道網走)

道の駅弁当
味付けしたカニフレークがたっぷり。おいしく小腹を満たすワンコインメニュー
500円(道の駅 流氷街道網走)

さくら豚しゃぶ長いも丼
地元のさくら豚を使った人気メニュー
980円(道の駅 メルヘンの丘めまんべつ)

ホタテ貝焼
アツアツに焼けた貝に秘伝の醤油だれをかける 600円・2個入り(道の駅 サロマ湖)

味付ぽん鱈
北海道産スケソ
ウダラを味付け
した干し珍味
1080円

北見ハッカ飴
原料にハッカ結晶を
使ったまろやかな飴
442円

ミントビスケット
メンビス
ハッカを香りのベース
にしたビスケット
756円

デパ地下を彷彿とさせる良品揃い
コミュニティプラザ パラボ

地下食料品コーナーでは、地元おすすめの
オホーツク認定商品を多数販売。6階食堂
街では北見の地元B級グルメを味わえる。

北見 **MAP** 付録P.17 F-1

☎0157-31-3600
🏠北見市大通西2-1
🕐10:00～18:30
🈺火曜 🚉JR北見駅
から徒歩3分 🅿あり

ハッカ油

芳醇玉葱醤油
炒めることで風味
を増した玉ネギを
醤油に加えている
756円

オニオンラスク
玉ねぎ形
フランスパン＋バター
＋オニオンスープで焼
いたラスク
702円

ハッカ油スプレー
室内、玄関、トイレ、車
内などの臭い消しに
1080円

サロマ湖の恵みとリラックスを
道の駅 サロマ湖
みちのえき サロマこ

佐呂間町の基幹産業である牛舎とサイロを
イメージした建物内では、さまざまな物産を
用意。サロマ湖の恵みを感じ、周辺の緑で
リラックスできる。

サロマ湖 **MAP** 付録P.16 C-2

☎01587-5-2828
🏠佐呂間町浪速121-3
🕐9:00～18:00(10月中旬
～4月中旬は～17:00)
🈺無休(施設により異なる)
🚉JR網走駅から車で1時間
🅿あり

冷凍帆立貝柱
佐呂間産のホタテを
急速冷凍。刺身、料
理の具材に
3400円(500g)

かぼちゃフレーク
名産のカボチャで作っ
た手軽な一品
285円

地元の観光や特産品を発信
道の駅 メルヘンの丘めまんべつ
みちのえき メルヘンのおかまんべつ

北見と網走間を結ぶ国道39号沿い、メルヘ
ンの丘(P.124)にある道の駅。アンテナショ
ップでみやげ物の販売や、メルヘンチックな
建物で農畜産物の加工も。

大空 **MAP** 付録P.18 B-2

☎0152-75-6160
🏠大空町女満別昭和96-1
🕐9:00～18:00
🈺無休 🚉JR女満別駅か
ら車で10分 🅿あり

しじ美味噌汁
網走湖産天然シジ
ミ入り。湯を注げ
ば味噌汁に
1080円

生銅鑼絽蘇
なまどらろっそ
地元の高校生と老舗菓
子店が協力して商品化
したどら焼き
248円(1個)

さくら豚串
肉はやわらかく、
脂は甘く臭みが
ないのが特徴
1188円

大盛町特産 しじ美ごはんの素

しじ美ごはんの素
お米と一緒に炊き上げれ
ば本格シジミご飯に
540円

ミートソース
お母さんの手作り
感を追求したミー
トソース
540円

乾燥パスタ
地元産小麦を使
った太麺のモチ
モチパスタ
345円

網走湖産冷凍しじみ
砂抜き済みなので、そのまま
使用できる。大粒で身までし
っかり味わえる
1500円(500g)、2800円(1kg)

大地に抱かれたホテルで味わう
ラグジュアリーな旅の醍醐味

自然と寄り添う極上の宿

北海道の大自然と、その恵みを存分に享受できる道東の旅。
緑に包まれたオーベルジュやリゾートホテルで、
美しい自然に身も心も預けて過ごしてみたい。

Hotels in East Hokkaido

周囲約7.5kmのチミケップ湖。カヌーや釣りなどのアクティビティも楽しめる

森の奥の秘湖にたたずむ宿で
時計のない非日常を過ごす

チミケップホテル

原生林の生い茂る森を抜けると見えてくる神秘的なチミケップ湖。湖東側のほとりに異空間のようなホテルがある。海外の名店で経験を重ねた渡辺賢紀シェフによる新感覚のフレンチを味わい、澄み渡った空気に浸る。

津別 **MAP** 付録P.6 A-2

☎0152-77-2121
所津別町沼沢204 交女満別空港から車で1時間10分
Pあり in15:00 out11:00
室7室(全室禁煙)
予料1泊2食付2万7500円～

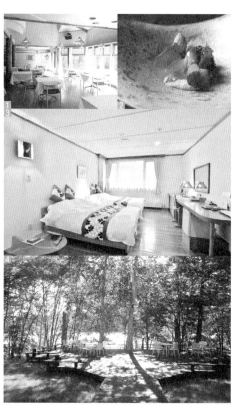

1. 木立の中のテラスに面した、ぬくもり感の漂う吹き抜けのレストラン
2. 道産の食材をふんだんに生かした美しい料理に、目も舌も満たされる
3. 原生林に囲まれた全7室のホテル。湖畔の風景以外はテレビも時計もない非日常空間
4. 初夏はさわやかな風が心地よいウッドテラスでお茶や読書を楽しみたい

自家製野菜とジビエを堪能する
英国風マナーハウス

ヘイゼルグラウスマナー

オーナー自ら欧米から買い付けた家具
調度品が並ぶ英国風オーベルジュ。乗
馬やカヤック、釣りなどのアクティビテ
ィが充実し、ここから知床観光にも行
ける近さ。豊富なワインとエゾシカな
どのジビエ料理は絶品。

標茶 **MAP** 付録P.7 F-4

☎015-488-3888

所標茶町虹別原野65-116-1 交中標津空港
から車で40分 Pあり in15:00 out11:
00 室8室(全室禁煙) 予約1泊2食付8万
2500円〜(2名料金)
※2月中旬〜4月上旬休業

1.クイーンサイズのゆったりしたベッドが
並ぶ英国風に統一されたスーペリアルーム
2.大きなソファと暖炉、英国直輸入の家具に
囲まれて大人の休日に浸れるラウンジ
3.馬の背にゆれながら緑のなかを散策でき
る乗馬体験も用意。初心者から楽しめる
4.自家菜園の無農薬野菜と、専属ハンターの
仕留めた新鮮な鴨肉を堪能する
5.ジョージアンスタイルの建物と青々と広
がる芝生の庭は、まるで英国そのもの

泊まる

広大な緑の敷地にたたずむ
ナチュラルオーベルジュ

屈斜路湖
鶴雅オーベルジュ SoRa

くっしゃろこ つるがオーベルジュ ソラ

夏季限定営業のオーベルジュ。客室は
ハーブをモチーフにカラーコーディネ
ートした全2室のスイートルーム。大き
な窓の外には広大なガーデンを望み、
静かで優雅な美食時間を愉しめる。

屈斜路 **MAP** 付録P.9 E-3

☎015-484-2538
㊟弟子屈町屈斜路269 ㊢女満別空港から車
で55分 ㊿あり **in**15:00 **out**10:30 ⛁
2室（全室禁煙）㊷1泊2食付4万1800円
～（2階BERRY）、4万4000円（1階MINT）
※11月～4月下旬休業

1.きれいに整備された芝生の庭を望む、明る
い天窓付きのレストラン。食事だけの利用も
可（前日15時まで要予約）
2.2階にある客室「BERRY」のジェットバス。
寝室が2つあり2組での利用も可能
3.地産の野菜をはじめ、旬の食材をふんだん
に使用した人気のフレンチ
4.グリーンを基調としたロフトスペース付
きの1階客室「MINT」。ジェットバス付き

阿寒湖のほとりで
自由気ままなカジュアルステイ

阿寒の森 鶴雅リゾート
花ゆう香

あかんのもり つるがリゾート はなゆうか

明るく華やかな雰囲気に満ちた館内に
は、美術回廊や絵本ギャラリーがあ
る。源泉かけ流しの湯は美肌の湯とし
て人気。思い出づくりにドレスアップし
ての撮影も楽しめる。手作り感のある
やさしい朝食にも注目だ。

阿寒 **MAP** 付録P.8 C-4

☎0154-67-2500
㊟釧路市阿寒町阿寒湖温泉1-6-1
㊢たんちょう釧路空港から車で1時間
㊿あり（有料）**in**15:00 **out**10:00 ⛁95
室（全室禁煙）㊷1泊2食付1万2100円～
（【山側】和ツイン）、別途入湯税

1.やわらかなオルゴールの音色が響くロビー。
夜にはガス灯風のライトに明かりが灯りロ
マンティック
2.大きな窓から阿寒湖の雄大な景色が望め
るスタンダードダブル
3.保湿化粧水などに配合されているメタケ
イ酸が豊富に含まれた美肌の湯を堪能
4.見た目も華やかなヘルシーテイストの料
理が豊富に揃うビュッフェレストラン

見飽きることのない景色と
格別のもてなしにくつろぐ

あかん鶴雅別荘 鄙の座

あかんつるがべっそう ひなのざ

全25室が露天風呂付きのスイートルーム。湖側客室からは雄大な阿寒湖を見渡せる。バーや足湯、書庫など、大人のくつろぎを堪能できる施設が充実しているほか、丹精込めた和会席も定評がある。

阿寒 **MAP** 付録P.8 C-4

☎0154-67-5500
🏠釧路市阿寒町阿寒湖温泉2-8-1
🚌たんちょう釧路空港から車で1時間
Ｐあり ｉｎ14:00 ｏｕｔ11:00
🛏25室(全室禁煙) 💰1泊2食付4万5650
円~(森の座スイート)、別途入湯税

1.檜の露天風呂と、木のぬくもり漂う広々としたリビングのある特別室「天の座スイート」
2.客室露天風呂からは阿寒湖や阿寒の森を心ゆくまで堪能できる
3.北海道の海の幸に郷土の香りを添えた、彩りも鮮やかな和会席「萌木膳」
4.夕食時、バーでの飲み物は特別なものを除き追加料金なしで味わえる

泊まる●

充実した館内施設で
多彩な過ごし方を満喫する

あかん遊久の里 鶴雅

あかんゆくのさと つるが

阿寒湖の大自然と北海道の味覚を満喫できる温泉旅館。多種多様な客室や趣の異なる湯めぐりも自慢のひとつ。メインダイニング天河では和・洋・中100品の食材が並んだビュッフェも堪能できる。

阿寒 **MAP** 付録P.8 A-3

☎0154-67-4000
🏠釧路市阿寒町阿寒湖温泉4-6-10
🚌たんちょう釧路空港から車で1時間
Ｐあり(有料) ｉｎ15:00 ｏｕｔ10:00
🛏276室(全室禁煙、ウイングス館含む)
💰1泊2食付1万7050円~(栞の館 和室10
畳)、別途入湯税

1.8階にある空中露天風呂「天女の湯」で阿寒湖のパノラマを体感する
2.館内は自然と調和した落ち着きのあるしつらえ。四季折々の阿寒湖の情緒を堪能しながらくつろげる
3.旬の食材を生かした和食・洋食・中華など、100品もの味わいきれない料理が並ぶメインダイニング天河
4.L字の窓から阿寒湖を望む、まるで湖上に浮いているような温泉付き展望特別室

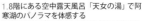

森の中のスパリゾートで
贅沢なひとときを過ごす

マウレ山荘
マウレさんそう

札幌から車で約3時間。「エゾ・モダン」をコンセプトとした6種の客室と、ペットと泊まれるコテージが揃う。夜には露天風呂から星空を眺めることもでき、ゆったりとした時間を楽しめる。

遠軽 **MAP** 付録P.16 A-3
☎0158-47-2170
所遠軽町丸瀬布上武利172
交JR丸瀬布駅から車で15分(丸瀬布駅、JR遠軽駅から無料送迎あり。要予約) Pあり
in15:00 out10:00 室25室(全室禁煙)、コテージ3棟
予約1泊2食付2万円〜、別途入湯税

1. プランによっては源泉かけ流しの温泉付き客室も利用できる
2. アルカリ性単純泉を使った温泉は肌もなめらかになる美肌の湯
3. 北海道産の食材を使った和洋折衷のフルコースディナー
4. 湯上がりラウンジではモダンな雰囲気の空間でのんびりくつろげる

世界遺産知床を楽しむ
高台に立つ森のリゾート

KIKI知床
ナチュラルリゾート
キキしれとこ ナチュラルリゾート

知床の自然に囲まれた森のリゾート。2023年に大浴場をリニューアル。開放的な浴槽と個性的な4つのサウナが楽しめ、庭園露天風呂では星空や雪見を満喫しながらくつろぐこともできる。

ウトロ **MAP** 付録P.4 C-3
☎0152-24-2104
所斜里町ウトロ香川192
交JR知床斜里駅から車で50分(ウトロバスターミナルから無料送迎あり。要連絡) P
あり in15:00 out10:00 室176室(全室禁煙) 予約1泊2食付1万7750円〜

1. 高層階客室「サンセット」からはオホーツク海の景色を楽しめる
2. 滞在を盛り上げる季節に合わせたアクティビティも用意
3. ピクニックのように楽しめるビュッフェレストラン「ツリーサイドブッフェ」
4. 居心地のよいシアターラウンジでは、大型スクリーンで知床に関連する映像が映し出されている

湖を金色に染め上げる夕景と
豊かな季節の旬を楽しむ

サロマ湖 鶴雅リゾート
さろまこ つるがリゾート

目の前にどこまでも広がるサロマ湖の水平線にうっとりする絶景ホテル。日本一美しいと称されるサロマ湖の夕日と、湖の上空を行き交う野鳥の姿はこだけの楽しみ。人気のビュッフェでは、海の幸たっぷりのメインディッシュが味わえる「季節の海鮮盛り合わせ付」プランがおすすめ。

北見 **MAP** 付録P.17 D-2

☎0152-54-2000
🏠北見市常呂町栄浦306-1
🚗女満別空港から車で1時間(JR北見駅から無料送迎あり。要予約) **P**あり **in**15:00 **out**10:00 **室**63室(全室禁煙) **予**1泊2食付1万4300円〜(洋室ツイン)、別途入湯税

1. リビングと大きなジェットバスからサロマ湖を見渡せるロイヤルスイート
2. ホテル周辺は手つかずの自然が残り、サロマ湖の美しい景色や野鳥観察も楽しめる
3. ビュッフェレストラン「ラ・メール」のオープンキッチンはできたての味を提供
4. 絶景に浸れる2階の北欧風大浴場の露天風呂。1階和風大浴場とは男女入替制

オホーツク文化にふれられる
浪漫あふれる温泉リゾート

北天の丘
あばしり湖 鶴雅リゾート
ほくてんのおか あばしりこ つるがリゾート

北方に生き、忽然と消えたオホーツク人の文化をモチーフに、ギャラリーなど随所で楽しませてくれる個性派ホテル。ビュッフェ、創作フレンチ、創作和食と多彩なスタイルで提供されるオホーツクの山海の幸も好評。

網走 **MAP** 付録P.18 B-2

☎0152-48-3211
🏠網走市呼人159 🚗JR網走駅から車で15分(呼人駅前から無料送迎あり。要予約) **P**あり **in**15:00 **out**10:00 **室**80室(全室禁煙) **予**1泊2食付1万6500円〜(タワー棟和室)、別途入湯税

1. 古代オホーツクの歴史浪漫あふれる、美術館のような雰囲気のラウンジ
2. 客室にはホテルのコンセプトであるオホーツク文化のエッセンスを取り入れる
3. 網走湖畔にある、小高い呼人(よびと)の丘の上に建つ新感覚のリゾートホテル
4. 約70種のオホーツクの美味が並ぶオホーツクバイキング

水平線を見渡す温泉・サウナで
日常から解き放たれる至福

北こぶし知床 ホテル&リゾート

きたこぶししれとこ ホテル&リゾート

2023年からオールインクルーシブリゾートになった海辺にたたずむリゾート。8階大浴場では、行き交う船を眺めながらくつろげる。3つの棟に分かれた客室はそれぞれに趣や眺望が異なり、露天風呂付きの部屋も用意。

ウトロ MAP 付録P.4 B-3

☎0152-24-2021
所斜里町ウトロ東172 交JR知床斜里駅から車で45分 Pあり in15:00 out11:00
客178室(全室禁煙) 予約1泊2食付2万4350
円～(シービューツイン)

1.展望大浴場の湯船に浸かっていると、まるでオホーツク海に浮いているような感覚に
2.シェフの手さばきを楽しめるコースビュッフェのレストラン
3.大きな窓からオホーツク海を一望する客室
4.ウトロ漁港に隣接する北のリゾートホテル

養老牛にひっそりとたたずむ
渓流のせせらぎに癒やされる宿

湯宿だいいち

ゆやどだいいち

100%源泉かけ流しの上質な温泉が楽しめる。シマフクロウやエゾクロテンなどの珍しい野生動物と遭遇できることもある、豊かな自然が自慢の宿。北海道の食材はもちろん、天然の川魚や山菜など使った創作料理も絶品。

中標津 MAP 付録P.14 A-1

☎0153-78-2131
所中標津町養老牛518
交中標津空港から車で30分 Pあり
in15:00 out11:00 客47室(全室禁煙)
予約1泊2食付1万5110円～

1.オーディオ設備があるロビーで音楽と景色を楽しむ
2.客室は和室からメゾネットタイプまであり、多様なニーズに対応
3.木張りの大浴場では、癒やしの香りに包まれ
4.川面とほぼ同じ高さにあるダイナミックな露天風呂

自然と寄り添う極上の宿

ホテルリスト

静かな湖畔のリゾートや絶景の温泉旅館など、
北海道の大自然を満喫できる宿泊施設が充実。
旅のスタイルに合わせて最適な宿を選びたい。

ホテル予約サイトの利用法

数多くの予約サイトがあり、どれを使うべきか悩んでしまうが、
基本的に予約状況は共有されているため、どのサイトで調べて
もかまわない。高級な宿を探す場合には、独自の基準で上質な
宿をセレクトしている「一休.com」が便利だ。宿泊するホテル
を決めたら、公式ホームページやほかの予約サイトも確認してお
こう。限定の特典があったり、同じような条件でももっと安いプ
ランがあることも。

↑美しい星空が眺められる弟子屈の宿、ぼらりす

泊まる●

ウトロ

知床 夕陽のあたる家 ONSEN HOSTEL MAP 付録P.4 C-3
しれとこ ゆうひのあたるいえ オンセン ホステル

オホーツク海の夕景を望む
知床八景の「夕陽台」に隣接。全
室オーシャンビューで、大浴場
から見渡す夕陽が美しい。

☎0152-24-2764 　斜里町ウトロ香川189　JR知床斜里駅から車
で45分（ウトロ温泉バスターミナルから無料送迎あり）　Pあり　in
15:00　out 10:00　室24室（全室禁煙）　予約素泊まり7850円〜

ウトロ

知床第一ホテル MAP 付録P.4 C-4
しれとこだいいちホテル

絶景の翡翠大浴場が評判
ウトロ温泉の高台にある大型ホ
テル。2022年には客室をリニュ
ーアルし、展望風呂付き客室も。

☎0152-24-2334　　斜里町ウトロ香川306
JR知床斜里駅から車で45分　Pあり　in 15:00　out 10:00
199室（全室禁煙）　予約1泊2食付1万5000円〜、別途入湯税 ※12・4月
メンテナンス休あり

ウトロ

ホテル 季風クラブ知床 MAP 付録P.4 A-2
ホテル きふうクラブしれとこ

家族経営の小さなホテル
オホーツク海を望むアットホー
ムな宿。木の温かみを生かした
建物で、貸切露天風呂を完備。

☎0152-24-3541　　斜里町ウトロ東318　JR知床斜里駅から車で
45分（ウトロ温泉バスターミナルから無料送迎あり）　Pあり　in
15:00　out 10:00　室15室（全室禁煙）　予約1泊2食付1万5400
円〜、別途入湯税　※11月中旬〜1月下旬、3月下旬〜4月中旬休業

ウトロ

知床ノーブルホテル MAP 付録P.4 B-4
しれとこノーブルホテル

眺望抜群の海辺リゾート
全室バルコニー付きのシーサイ
ドリゾート。海側客室や大浴場
から見るオホーツク海は格別。

☎0152-22-5211　　斜里町ウトロ東3　JR知床斜里駅から車で40
分　Pあり　in 15:00　out 10:00　室48室（全室禁煙）
予約1泊2食付1万3000円〜、1泊朝食付9500円〜、別途入湯税

羅臼

陶灯りの宿 らうす第一ホテル MAP 付録P.5 E-1
とうあかりのやどらうすだいいちホテル

陶器の明かりに心が和む
知床国立公園内、羅臼温泉の湯
宿。源泉かけ流しの湯と陶製ふ
くろうの明かりに心癒やされる。

☎0153-87-2259　　羅臼町湯ノ沢町1　中標津空港から車で1時間
30分　Pあり　in 15:00　out 10:00　室47室（全室喫煙可）
予約1泊2食付1万7200円（1名1室利用）、1万5000円（2名1室利用）

斜里

ルートイングランティア 知床斜里駅前 MAP 付録P.2 A-1
ルートイングランティア しれとこしゃりえきまえ

抜群の立地と温泉が魅力
知床斜里駅から徒歩1分という
好立地。源泉かけ流しの内風呂
や露天風呂を備える。

☎0152-22-1700　　斜里町港町16-10
JR知床斜里駅から徒歩1分　Pあり　in 15:00　out 10:00
室105室（禁煙75室、喫煙30室）　予約1泊朝食付7000円〜

斜里

知床ヴィラホテル フリーズ MAP 付録P.2 B-4
しれとこヴィラホテル フリーズ

大自然を快適に満喫する

キャンプのアウトドア感と、ホテルのホスピタリティを兼ね備えた宿。大自然での食事を堪能。

☎0152-23-5490 所斜里町豊里63-27
交女満別空港から車で1時間10分 Pあり in15:00 out10:00
客6室（全室禁煙） 予約1泊2食付（炭火焼きBBQプラン）1万4000円～

釧路

ドーミーインPREMIUM釧路 MAP 付録P.13 F-3
ドーミーインプレミアムくしろ

大浴場から釧路市街を一望

釧路川に面し、最上階の大浴場から釧路の街並みが見渡せる。客室はモダンな内装で統一。

☎0154-31-5489 所釧路市北大通2-1 交JR釧路駅から徒歩10分
Pあり（有料） in15:00 out11:00 客225室（禁煙147室、喫煙78室） 予約シングル7990円～、ツイン1万4490円～、別途入湯税

釧路

ANAクラウンプラザホテル釧路 MAP 付録P.13 E-3
エーエヌエークラウンプラザホテルくしろ

水辺の美しい街並みに調和

太平洋を望む客室が人気。多彩なレストランや宴会場も充実。ホテルで使用する電力は再生可能エネルギーに100％由来しており、CO_2削減に貢献している。

☎0154-31-4765 所釧路市錦町3-7 交JR釧路駅から徒歩15分
Pあり（有料） in14:00 out11:00 客179室（全室禁煙）
予約シングル9000円～、ツイン1万8000円～

釧路

釧路プリンスホテル MAP 付録P.13 D-3
くしろプリンスホテル

釧路市の中心部に位置

美しい釧路の夕日や太平洋を一望できるツインルームが魅力の大型ホテル。

☎0154-31-1111 所釧路市幸町7-1
交JR釧路駅から徒歩10分 Pあり（有料） in14:00 out11:00
客400室（禁煙160室、喫煙240室） 予約1泊朝食付6542円～

根室

ホテル ねむろ海陽亭 MAP 付録P.15 F-4
ホテル ねむろかいようてい

朝食の「勝手丼」が好評

繁華街に近い便利な立地で、大浴場やサウナも完備。朝は好きな魚介が選べる勝手丼が人気。

☎0153-22-8881 所根室市常盤町2-24
交JR根室駅から徒歩7分 Pあり in15:00 out10:00
客28室（全室禁煙） 予約素泊まり6500円～、1泊朝食付8500円～
※1月2～9日休

阿寒

カムイの湯 ラビスタ阿寒川 MAP 付録P.8 B-2
カムイのゆ ラビスタあかんがわ

癒やしの湯を心ゆくまで

阿寒川のほとりに湧き出る自家源泉の温泉と、手つかずの美しい景色が自慢の宿。

☎0154-67-5566 所釧路市阿寒町オクルシュベ3-1 交たんちょう釧路空港から車で1時間 Pあり in15:00 out11:00 客64室（全室禁煙） 予約1泊2食付2万1000円～、別途入湯税

阿寒

ホテル阿寒湖荘 MAP 付録P.8 C-3
ホテルあかんこそう

多くの著名人に愛された宿

阿寒湖を見渡す大浴場や露天風呂を備えた老舗宿。数々の著名人が訪れたことでも知られる。

☎0154-67-2231 所釧路市阿寒町阿寒湖温泉1-5-10
交たんちょう釧路空港から車で1時間
Pあり in15:00 out10:00 客70室（全室禁煙）
予約1泊2食付1万1050円～、別途入湯税

屈斜路

アトレーユ MAP 付録P.9 F-4

手作りのログハウスに宿泊

オーナー手作りのログハウスに泊まり大自然を満喫できる。釧路川源流でカヌー体験（P.99）も。

☎015-484-2455 所弟子屈町屈斜路原野475-56
交JR摩周駅から車で15分（JR摩周駅から無料送迎あり）
Pあり in16:00 out10:00 客4室（全室禁煙）
予約1泊2食付1万3500円～

屈斜路

ぼらりす MAP 付録P.7 D-3

満天の星に癒やされる

広大な牧草地を望む全3室のペンション。木のぬくもりが心地よく、猫たちにも癒やされる。

☎015-482-2622 所弟子屈町札友内原野52線30-3 交JR摩周駅から車で10分 Pあり in16:00 out10:00 客3室（全室禁煙）
予約1泊2食付1万8600円（19㎡、ツインルーム、バス・トイレ付）

屈斜路

ランプの宿 森つべつ MAP 付録P.6 C-3
ランプのやどもりつべつ

森の中にたたずむ一軒宿

森の奥深くにあり、静寂の露天風呂でくつろげる。ロビーを照らすランプが温かみを演出。

☎0152-76-3333 所津別町上里738 交女満別空港から車で1時間15分 Pあり in15:00 out10:00（和室、喫煙所あり） 予約1泊2食付1万4000円～（和室）、1泊2食付1万6000円～（洋室）、別途入湯税 ※11月中旬～4月下旬木曜休

屈斜路プリンスホテル
くっしゃろプリンスホテル **MAP** 付録P.9 D-3

湖畔で過ごす贅沢な時間
全室が屈斜路湖に面した温泉リ
ゾート。ガラス張りのレストラ
ンや露天風呂など設備が充実。

☎015-484-2111 🏠弟子屈町屈斜路温泉
🚌JR摩周駅から車で25分(摩周駅から無料送迎あり。要予約)
Ｐあり ᴵⁿ15:00 ᵒᵘᵗ11:00 🏠208室(禁煙117室、喫煙91室)
予算1泊朝食付9310円〜、別途入湯税 ※11月下旬〜4月下旬休業

お宿欣喜湯 別邸 忍冬-SUIKAZURA-
おやどきんきゆ べってい すいかづら **MAP** 付録P.10 B-2

情緒あふれる和モダン空間
趣向を凝らした多彩な和モダン
の客室を用意しており、源泉か
け流し温泉も趣がある。

☎未定 🏠弟子屈町川湯温泉1-2-3
🚌JR川湯温泉駅から車で10分 Ｐあり ᴵⁿ15:00 ᵒᵘᵗ10:00
🏠73室(全室禁煙) 予算1泊2食付1万8500円〜、別途入湯税

川湯観光ホテル
かわゆかんこうホテル **MAP** 付録P.10 B-2

日帰りも長期滞在もおまかせ!
100%かけ流しの強酸性硫黄泉
は殺菌効果実証済み。長期滞在
用のレンタルキッチンもある。

☎015-483-2121 🏠弟子屈町川湯温泉1-2-30
🚌JR川湯温泉駅から車で10分 Ｐあり ᴵⁿ15:00 ᵒᵘᵗ10:00 🏠67
室(禁煙57室、喫煙10室) 予算1泊2食付1万4374円〜

ホテルパークウェイ
MAP 付録P.10 B-4

名物の摩周鯛が味わえる
自家源泉かけ流しの温泉が評判。
自家養殖された摩周鯛(ティラピ
ア)料理も美味。

☎015-483-2616 🏠弟子屈町川湯駅前3-2-10
🚌JR川湯温泉駅から徒歩5分 Ｐあり
ᴵⁿ15:00 ᵒᵘᵗ10:00 🏠32室(全室禁煙)
予算1泊2食付7850円〜、1泊朝食付6200円〜

能取の荘 かがり屋
のとりのしょう かがりや **MAP** 付録P.18 A-1

さんご草を望む料理自慢の宿
能取湖のほとりにたたずむ。キンキ
をメインとした会席料理が人気で、
オホーツクの幸を堪能できる。

☎0120-042-935 🏠網走市卯原内6-3 🚌JR網走駅から車で15分
(網走駅、女満別空港から無料送迎あり ※前日13時までに要予約) Ｐ
あり ᴵⁿ15:00 ᵒᵘᵗ10:00 🏠23室(全室禁煙) 予算1泊2食付1万
5400円〜

ホテル網走湖荘
ホテルあばしりこそう **MAP** 付録P.18 B-1

湖畔に建つ老舗温泉旅館
昭和23年(1948)創業。網走湖畔
の眺望と天然温泉が楽しめる。
客室は広々としたつくり。

☎0152-48-2311 🏠網走市呼人78 🚌JR網走駅から車で7分(網走
駅から無料送迎あり。要予約) Ｐあり ᴵⁿ15:00 ᵒᵘᵗ10:00 🏠153室(全室禁煙)
予算1泊2食付1万450円〜、別途入湯税

北見ピアソンホテル
きたみピアソンホテル **MAP** 付録P.17 F-1

繁華街に近い便利な立地
北見市中心街にあり、観光やビ
ジネスの拠点に最適。天然温泉
の大浴場(男性のみ)も完備。

☎0157-25-1000 🏠北見市北3条西3-6
🚌JR北見駅から徒歩5分 Ｐあり
ᴵⁿ15:00 ᵒᵘᵗ10:00 🏠130室(禁煙71室、喫煙59室)
予算1泊朝食付6000円〜

美白の湯宿 大江本家
びはくのゆやど おおえほんけ **MAP** 付録P.17 E-2

大自然の極上露天風呂で憩う
ワンランク上のおもてなしや絶
品料理、美しい自然に美白の湯
を堪能し、至福のひとときを。

☎0157-45-2511 🏠北見市留辺蘂町温根湯温泉466-1
🚌JR留辺蘂駅から車で15分(送迎あり、3日前までに要予約) Ｐあり
ᴵⁿ15:00 ᵒᵘᵗ10:00 🏠174室(全室禁煙)
予算1泊2食付1万2580円〜

紋別セントラルホテル
もんべつセントラルホテル **MAP** 付録P.19 E-2

冬の海を覆う流氷に感動
紋別港近くにあり、流氷観光の
拠点としても便利。展望スペー
スからの絶景が素晴らしい。

☎0158-23-3111 🏠紋別市港町7-1-58
🚌紋別バスターミナルから徒歩5分 Ｐあり
ᴵⁿ15:00 ᵒᵘᵗ11:00 🏠165室(禁煙103室、喫煙62室)
予算シングル6600円〜、ツイン1万2000円〜

ホテルオホーツクパレス紋別
ホテルオホーツクパレスもんべつ **MAP** 付録P.19 D-2

オホーツク海の眺望は格別
紋別市街地の便利なロケーショ
ン。オホーツク海の風景や地元
の海の幸を使った料理が自慢。

☎0158-26-3600 🏠紋別市幸町5-1-35
🚌紋別バスターミナルから徒歩1分 Ｐあり ᴵⁿ14:00 ᵒᵘᵗ10:00
🏠100室(禁煙49室、喫煙51室) 予算1泊2食付6600円〜

アクセスと交通

❖

大自然を
満喫するための
移動手段を
知る

美しい風景がいたるところにある道東。
利用できる交通機関は多くはないので、
時間や本数を確認して、
計画的な旅を心がけたい。
バスや鉄道の車窓からの眺めは抜群だ。

道東へのアクセス

道東への直行便がある東京、大阪、名古屋以外の地域からは、新千歳空港を経由して向かう。
各空港からはエリアの観光の拠点までを結ぶバスや鉄道を利用する。

飛行機でのアクセス

便利な道東への直行便は便数が限られる

道東への直行便は、羽田空港からのたんちょう釧路空港行き、女満別空港行き以外は1日1便。大阪や名古屋からは夏季のみの運航でたんちょう釧路や女満別空港への便があることも。欠航の可能性も考慮して旅の計画をしたい。

出発地	到着地	便名	便数	所要時間	料金
羽田空港	たんちょう釧路空港	ANA ／ JAL ／ ADO*	6便／日	1時間35分	4万5430円〜（ADO=3万5200円）
関西国際空港	たんちょう釧路空港	APJ	1便／日	2時間	6290円〜3万9720円
羽田空港	根室中標津空港	ANA	1便／日	1時間40分	4万5500円〜
羽田空港	女満別空港	ANA ／ JAL ／ ADO*	6便／日	1時間45分	4万8290円〜（ADO=3万7400円）
羽田空港	オホーツク紋別空港	ANA	1便／日	1時間45分	4万7300円〜

日本各地から便がある新千歳を経由する

直行便がない場合、新千歳空港を経由し乗り継ぎ便を利用。便数は少ないが広島空港や秋田空港などからの便もある。

出発地	到着地	便名	便数	所要時間	料金
仙台空港	新千歳空港	ANA ／ JAL ／ ADO* ／ IBX* ／ APJ	15便／日	1時間10分	3万3110円〜（IBX=3万2200円／APJ=5290円〜3万2670円)
新潟空港	新千歳空港	ANA ／ JAL	4便／日	1時間15分	3万4320円〜
成田国際空港	新千歳空港	ANA ／ JJP ／ APJ ／ SJO	19便／日	1時間45分	3万9200円〜（JJP=4980円〜3万7390円／APJ=4990円〜3万9270円／SJO=3760円〜3万1480円)
羽田空港	新千歳空港	ANA ／ JAL ／ ADO* ／ SKY	50便／日	1時間35分	3万9160円〜（ADO=2万9600円／SKY=2万4200円〜)
中部国際空港	新千歳空港	ANA ／ JAL ／ SKY ／ ADO* ／ APJ	14便／日	1時間40分	4万3890円〜（SKY=2万4500円〜／APJ=5090円〜4万1170円)
伊丹空港	新千歳空港	ANA ／ JAL	10便／日	1時間45分	4万8400円〜
関西国際空港	新千歳空港	ANA ／ JAL ／ APJ ／ JJP	13便／日	1時間55分	4万8400円〜（APJ=5690円〜4万2470円)
神戸空港	新千歳空港	ANA ／ ADO* ／ SKY	6便／日	1時間50分	4万8500円〜（SKY=2万4500円〜)
福岡空港	新千歳空港	JAL ／ ANA ／ ADO* ／ SKY ／ APJ	6便／日	2時間15分	5万9840円〜（SKY=2万9300円〜／APJ=6390円〜4万2970円)
那覇空港	新千歳空港	APJ	1便／日	3時間45分	8990円〜5万9070円

道内の移動も飛行機なら短時間でできる

新千歳空港から道東エリアの空港へと向かう。道内とはいえ、長距離移動なので、やはり飛行機が速くて便利。

出発地	到着地	便名	便数	所要時間	料金
新千歳空港	たんちょう釧路空港	ANA	3便／日	45分	2万2000円〜
新千歳空港	根室中標津空港	ANA	3便／日	50分	2万3500円〜
新千歳空港	女満別空港	ANA ／ JAL	6便／日	45分	2万3540円〜

アクセスと交通

※ANAとの共同運航

各空港からのアクセス

空港から目的地へはバスや列車を利用する

各空港からエリアの中心部へはバスが走っており、なかには無料で利用できるものもある。新千歳空港からは各都市へ特急列車で向かうことができるが、運賃を節約したい人には都市間バスの利用がおすすめ。

たんちょう釧路空港から

中標津空港から

女満別空港から

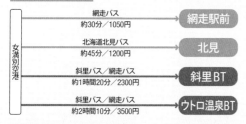

オホーツク紋別空港から

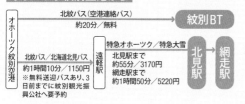

※バスの運賃は片道の金額です　※BTはバスターミナルを表します

新千歳空港から

● 鉄道を利用する場合

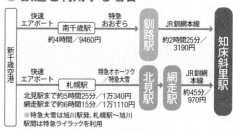

● バスを利用する場合

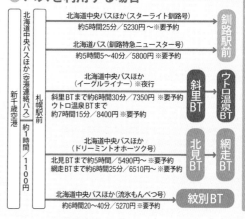

航空会社問い合わせ先

ANA（全日空）☎0570-029-222
JAL（日本航空）☎0570-025-071
ADO（エア・ドゥ）☎011-707-1122（札幌）

APJ（ピーチ・アビエーション）☎0570-001-292
SKY（スカイマーク）☎0570-039-283
IBX（IBXエアラインズ）☎0570-057-489

バス会社問い合わせ先

阿寒バス☎0154-37-2221（本社営業所）
根室交通☎0153-73-4456（中標津案内所）
網走バス☎0152-43-4101（代表）
北海道北見バス☎0570-007788（北見営業所・北見バスターミナル）
斜里バス☎0152-23-3145（本社営業所）

北紋バス☎0158-24-2165
紋別観光振興公社☎0158-23-3100（旅行センター）
北海道中央バス☎0570-200-600
北海道バス☎011-889-0800
JR北海道☎011-222-7111（電話案内センター）

※飛行機は2023年10月の料金、鉄道は通常期に指定席を利用した場合の料金です。

道東へのアクセス

道東エリア間の移動

無理のない乗り継ぎを心がけて、多くのスポットを訪れたい

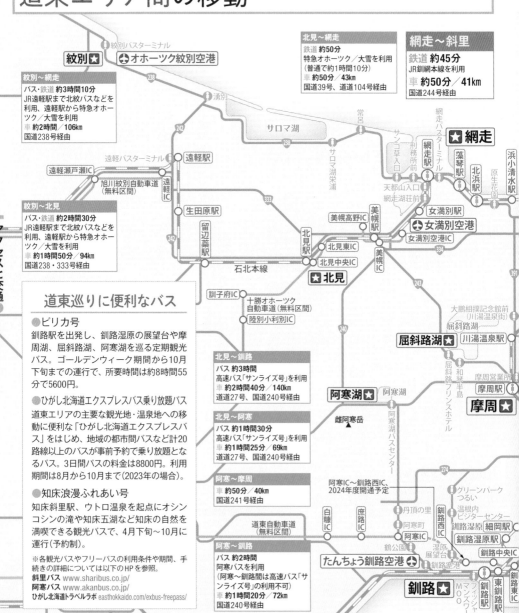

北見～網走
鉄道 約50分
特急オホーツク／大雪を利用
（普通で約1時間10分）
車 約50分／43km
国道39号、道道104号経由

網走～斜里
鉄道 約45分
JR釧網本線を利用
車 約50分／41km
国道244号経由

紋別～網走
バス・鉄道 約3時間10分
JR遠軽駅まで北紋バスなどを
利用、遠軽駅から特急オホー
ツク／大雪を利用
車 約2時間／106km
国道238号経由

紋別～北見
バス・鉄道 約2時間30分
JR遠軽駅まで北紋バスなどを
利用、遠軽駅から特急オホー
ツク／大雪を利用
車 約1時間50分／94km
国道238・333号経由

北見～釧路
バス 約3時間
高速バス「サンライズ号」を利用
車 約2時間40分／140km
道道27号、国道240号経由

北見～阿寒
バス 約1時間30分
高速バス「サンライズ号」を利用
車 約1時間25分／69km
道道27号、国道240号経由

阿寒～摩周
車 約50分／40km
国道241号経由

阿寒～釧路
バス 約2時間
阿寒バスを利用
（阿寒～釧路間は高速バス「サ
ンライズ号」の利用不可）
車 約1時間20分／72km
国道240号経由

阿寒IC～釧路西IC、
2024年度開通予定

道東巡りに便利なバス

●ピリカ号
釧路駅を出発し、釧路湿原の展望台や摩
周湖、屈斜路湖、阿寒湖を巡る定期観光
バス。ゴールデンウィーク期間から10月
下旬までの運行で、所要時間は約8時間55
分で5600円。

●ひがし北海道エクスプレスバス乗り放題パス
道東エリアの主要な観光地・温泉地への移
動に便利な「ひがし北海道エクスプレスバ
ス」をはじめ、地域の都市間バスなど計20
路線以上のバスが事前予約で乗り放題とな
るパス。3日間バスの料金は8800円。利用
期間は8月から10月まで（2023年の場合）。

●知床浪漫ふれあい号
知床斜里駅、ウトロ温泉を起点にオシン
コシンの滝や知床五湖など知床の自然を
満喫できる観光バスで、4月下旬～10月に
運行（予約制）。

※各観光バスやフリーパスの利用条件や期間、手
続きの詳細については以下のHPを参照。
斜里バス www.sharibus.co.jp/
阿寒バス www.akanbus.co.jp/
ひがし北海道トラベルラボ easthokkaido.com/exbus-freepass/

道東を走る鉄道やバスの本数は少なく、1本逃せば数時間待たなければならないことも。
各交通機関の所要時間や乗り継ぎなどを考慮して、無理のない旅のプランを立てたい。
車で移動する場合は、夏季の渋滞状況や冬季の道路閉鎖区間などの確認を忘れずに。

斜里〜ウトロ
バス 約50分
斜里バスを利用
車 約40分／37km
国道334号経由

ウトロ〜羅臼
バス 約50分
斜里バス・羅臼線などを利用
（夏季のみの運行）
車 約40分／32km
国道334号経由（知床横断道路閉
鎖期間は、国道244・335号経由
で約2時間／112km）

斜里〜羅臼
バス 約2時間
斜里バスを利用（ウトロ温泉バスターミナルで乗
り換え、ウトロ温泉バスターミナル〜羅臼間は夏
季のみ運行）
車 約1時間30分／70km
国道334号経由（知床横断道路閉鎖期間は、国道
244号・335号経由で約1時間30分／87km）

網走〜釧路
鉄道 約3時間40分
JR釧網本線を利用
車 約2時間50分／149km
国道244・391号経由

斜里〜釧路
鉄道 約2時間25分
JR釧網本線を利用
車 約2時間30分／132km
国道391号

斜里〜摩周
鉄道 約1時間20分
JR釧網本線を利用
車 約1時間15分／61km
道道1115号、国道391号経由

釧路〜羅臼
バス 約3時間35分
阿寒バスを利用
車 約2時間50分／158km
国道272・335号経由

摩周〜釧路
鉄道 約1時間25分
JR釧網本線を利用
車 約1時間30分／73km
国道391号経由

釧路〜根室
鉄道 約2時間35分
JR根室本線を利用
バス 約2時間30分
高速バス「特急ねむろ号」を
利用
車 約2時間30分／122km
国道44号経由

道東エリア間の移動

155

所要時間や本数を確認して、観光スポットを巡りたい

道東エリア内の交通

道東の交通では、期間限定での運行や夏季と冬季での本数が異なるといったケースが多く見られる。
旅の計画を立てるときには、利用できる路線や運行の時間帯はチェックしておきたい。

知床の交通

バスの運行期間とルールは事前に確認を

斜里バス・知床線

斜里バスターミナルから
ウトロ温泉を経由し知床
五湖までを結ぶ（知床五
湖までは4月下旬〜10月
の運行）。斜里バスター
ミナルからウトロ温泉バス
ターミナルまでは 約50分
1650円。

斜里バス・羅臼線

ウトロ温泉と羅臼を結ぶ
路線。知床横断道路を通
行できる6月上旬〜10月上
旬の運行で約50分1380円。
斜里バス ☎0152-23-0766

阿寒・摩周・屈斜路の交通

エリア間を結ぶ鉄道やバスを有効に使う

JR釧網本線

摩周駅と川湯温泉駅間を移動するときに利用、約20分440円。

弟子屈えこパスポート

摩周湖バス（摩周駅〜道の駅〜摩周湖第一展望台）、屈斜路バ
ス（川湯温泉駅〜川湯温泉街〜砂湯〜摩周駅など摩周湖、屈
斜路湖周辺を走るバスが乗り放題で、料金は2000円〜。JR摩
周駅、JR川湯温泉駅（夏季のみ）で販売。詳細は下記問い合わ
せ先へ。
摩周湖観光協会
☎015-482-2200

釧路・釧路湿原の交通

拠点の釧路駅から鉄道やバスに乗車

JR釧網本線

細岡展望台や塘路駅周辺の展望台など釧路湿原東部に向かう
場合に利用。釧路駅から塘路駅までは約30分640円。細岡展
望台に最も近い釧路湿原駅では、夏季に停車する列車が拡大。

阿寒バス・鶴居線

釧路市中心部から釧路市湿原展望台など釧路湿原西部と鶴見
台などタンチョウにまつわるスポットが点在する鶴居村まで
を結ぶ。2〜3時間に1本の運行で、釧路駅前から釧路市湿原
展望台まで約40分690円、鶴見台まで約1時間1020円。

くしろバス・たくぼく循環線

釧路駅発着の循環バス。和商市場、釧路プリンスホテル、釧
路フィッシャーマンズワーフMOO、米町公園など釧路市中心
部の主要な観光施設やホテルを巡る。1乗車210円均一。

JR北海道電話案内センター ☎011-222-7111
阿寒バス ☎0154-37-2221
くしろバス ☎0154-36-8181

網走・北見・紋別の交通

市の中心部から発着するバスを利用する

あばしり観光施設めぐり+どこバス

網走市中心部と博物館 網走監獄、オホーツク流氷館など主要
観光施設を巡るバス。冬季に限り流氷観光砕氷船 おーろらの
乗り場までの区間も運行。1日乗り放題の1dayバスは1800円。

北海道北見バス（温根湯・留辺蘂線／常呂線）

北見駅から北の大地の水族館までは、約1時間10分1330円
で、道の駅 おんねゆ温泉バス停下車。仁頃はっか公園へは常
呂線に乗車して、仁頃はっか公園バス停まで約30分790円。

北紋バス（遠軽線）　北海道北見バス（湧別・紋別線）

紋別バスターミナル、オホーツクタワー入口間の移動に利用、
約7分300円。オホーツク紋別空港、遠軽バスターミナル間の
移動にも利用できる。遠軽バスターミナルからJR遠軽駅（北
見・網走方面への乗り換え駅）までは徒歩5分。

網走バス ☎0152-43-4101
北海道北見バス（北見バスターミナル） ☎0570-007788
北紋バス ☎0158-24-2165

アクセスと交通

広大なエリアを効率よく巡るには車が便利

レンタカーを利用する

公共交通機関だけでは移動しにくい道東エリアは、レンタカーを使えば効率的にまわれる。空港や駅で借りてワンウェイ（乗り捨て）利用すればより自由に移動できる。雪道や動物の飛び出しには注意。

プランや車種もさまざま。便利なサービスも

● 各社比較して好みの車をレンタル

知床など公共交通機関の路線や便数が限られ移動しにくいエリアやアクセスしにくいスポットは、時間を気にせず旅の計画が自由に組めるレンタカーが便利。レンタカー会社ごとにさまざまなプランがあり、ネットの比較サイトなら好みの条件（乗車するエリア、車種、喫煙／禁煙車など）を満たすプランも探しやすいのでおすすめ。

空港に到着してすぐにレンタカーに乗りたい場合は空港近くの営業所での受け取りを選択して予約。事前に予約をしていなかった場合は、空港のレンタカー案内所へ。繁忙期は、当日に希望の車種に空きがない可能性もあるため、早めの予約が安心。自分で手配する手間を省きたいなら、あらかじめレンタカーが組み込まれた、旅行会社のツアーを利用したい。

北海道のレンタカーは、夏季のハイシーズンになると料金が割増しになる。日程や予算を考えながら手配したい。

おすすめの比較サイト
北海道レンタカー比較 www.kita-tabi.com
たびらい北海道 www.tabirai.net/car/hokkaido/

レンタカーの利用方法

① 空港に到着
預けていた荷物を受け取ったら、事前に予約やリサーチをしておいたレンタカー会社の営業所へ移動。空港から営業所までは無料送迎がある場合もあるので、事前に確認しておきたい。

② 営業所で手続き
空港近くの営業所に行き、車を借りる。運転免許証を提示して、書類に必要事項を記入。料金もここで支払う。返却日時や場所、保険や補償についての説明はしっかり聞いておきたい。

③ 車に乗って出発！
手続きを終えたら、レンタカーとご対面。スタッフと一緒に、目視で車の状態を確認しよう。わからないことは質問して解消しておこう。そのあとは、いよいよ車に乗って北海道旅行へ出発！

④ レンタカーを返却
車を返すときは、ガソリンを満タンにした状態で。追加料金などがあった場合は、その精算をする。帰りの便に遅れないよう、時間に余裕をもったスケジュールを組んでおきたい。

北海道の主なレンタカー会社

レンタカー会社名	予約センター	釧路空港営業所	女満別空港営業所	中標津空港営業所
オリックスレンタカー	☎0120-30-5543	☎0154-57-3636	☎0152-74-4222	☎0153-72-8489
トヨタレンタカー	☎0800-7000-111	☎0154-57-4100	☎0152-74-3609	☎0153-78-8100
ニッポンレンタカー	☎0800-500-0919	☎0154-57-3871	☎0152-74-4177	☎0153-72-0919
日産レンタカー	☎0120-00-4123	☎0154-57-4855	☎0152-74-3785	☎0153-73-5703
タイムズカーレンタル	☎0120-00-5656	☎0154-57-5508	☎0152-74-4234	☎0153-72-5656
JR駅レンタカー	※WEB予約のみ	—	—	—

レンタカー Q&A

Q.飛行機が欠航になった場合どうすればいい？
A.天候が原因で欠航になった場合、キャンセル料は発生しない会社が多い。
Q.運転者の交替はOK？
A.出発時に運転者の名前を伝えて、免許証を提示していれば可能。

ドライブ時の注意事項

①北海道の広さを念頭に
広大な北海道では、観光スポット間、エリア間の移動距離が長くなりがち。移動時間には余裕をもち、ガス欠や運転による疲労を防ぐために早めの給油や休憩を心がけたい。

②野生動物が飛び出すことも
豊かな自然が残る北海道では、野生動物が突然道路上に飛び出してくることも多い。見晴らしが良いと速度を出しがちだが、常に速度に気をつけ視界を広くもち運転したい。

動物注意

③冬季の運転は細心の注意が必要
北海道では天候をあまり気にせず運転できる期間は6～9月の短い間だけ。気温が低い10～5月は雪が降ったり路面が凍結したりするため、スタッドレスタイヤが必須になるほか、普段以上に慎重な運転を心がける必要がある。とにかくスピードは控えめに、車間距離にも気を配り、ブレーキは早めにゆっくりと余裕をもって。また、日なたは問題なくても日陰の路面が凍結している場合もあるので要注意。冬季や夜間は通行止めになる道もあるので、事前にしっかりとルートの確認をしておこう。

INDEX

STAFF

編集制作 Editors
(株)K&Bパブリッシャーズ

取材・執筆・撮影 Writers & Photographers
石川愛依子　きたがわゆみこ
古田夏也　塚本尚紀
グレアトーン（江本秀幸　兼村竜介）
尾野公一　上野公人　澤山直樹

執筆協力 Writers
内野究　好地理恵　成沢拓司　森合紀子

編集協力 Editors
(株)ジェオ

本文・表紙デザイン Cover & Editorial Design
(株)K&Bパブリッシャーズ

表紙写真 Cover Photo
PIXTA

地図制作 Maps
トラベラ・ドットネット(株)
DIG.Factory

写真協力 Photographs
関係各市町村観光課・観光協会
関係諸施設
PIXTA

総合プロデューサー Total Producer
河村季里

TAC出版担当 Producer
君塚太

TAC出版海外版権担当 Copyright Export
野崎博和

エグゼクティヴ・プロデューサー
Executive Producer
猪野樹

おとな旅 プレミアム
知床・阿寒 釧路湿原　第4版

2024年3月5日　初版　第1刷発行

著　　者　TAC出版編集部
発　行　者　多田敏男
発　行　所　TAC株式会社　出版事業部
　　　　　　（TAC出版）
〒101-8383 東京都千代田区神田三崎町3-2-18
電話 03(5276)9492(営業)
FAX 03(5276)9674
https://shuppan.tac-school.co.jp
印　　刷　株式会社　光邦
製　　本　東京美術紙工協業組合

©TAC 2024　Printed in Japan　　ISBN 978-4-300-10961-8
N.D.C.291　　　　　　　　落丁・乱丁本はお取り替えいたします。